KB190929

존 웨슬리의 속회론

박용호 지음

kmc

겨울 지나 봄이 오면 맨 먼저 찾아오는 손님이 봄바람이다. 봄의 징조는 바람과 함께 나뭇가지의 빛깔에서 시작된다. 그 빛은 생명의 빛이요, 무엇인가 일어나고 있음을 알리는 신호다. 끊임없이 불어오는 바람은 잠자던 나무들을 흔들어 그 진동이 뿌리에 전달되게 한다. 그러면 뿌리들은 기지개를 켜고 서서히 나무들이 요구하는 생명수를 공급하면서 생명의 푸른 빛깔을 더해 간다. 하나님은 스스로 움직일 수 없는 나무들을 위해 새 바람을 일으키시고, 그 바람으로 하여금 나무들을 흔들어 깨우는 일을 하게 함으로 생명의 역사를 시작하신다.

이는 그저 단순한 현상이 아닌 하나님께서 일하시는 원칙이다. 때를 정하여 태양을 움직이시며, 바람을 명하셔서 불게 하시고, 나무들과 만물들이 활동하도록 생명의 에너지를 작동하게 하시는 손길이다. 그래서 자연은 언제나 하나님의 살아 계심을 신선하게 느끼게 한다. 그런 의미에서 마르틴 루터는 "하나님은 복음을 성경에만 기록하신 것이 아니라 나무와 꽃과 구름과 하늘의 별들 속에도 쓰셨다."(God writes the gospel not in the Bible alone, but on trees and flowers and clouds and stars.)라고 하였다.

그렇다면 하나님의 생기의 바람은 역사의 굽이마다 사망의 잠을 자는 교회들과 영적인 겨울을 만나 신음하는 생명들을 보시며 어떻게 일하고 계신가? 성경은 이 비밀을 에스겔을 통하여 말씀하고 있다. 에스겔 골짜기의 마른 뼈들, 소망도 없고 생명도 없이 뼈들로 가득한 모습을 보여 주시는 하나님은 도전하신다. "인자야, 이 뼈들이 능히 살 수 있겠느냐? 주 여호와여 주께서 아시나이다. 주 여호와께서 이 뼈들에게 이같이 말씀하시기를 내가 생기(Breath or Wind, Spirit)를 너희에게 들어가게 하리니 너희가 살아나리라."(겔 37:3~5)

나는 이 말씀을 읽으면 가슴이 뛴다. 그리고 영국과 웨슬리의 영상이 자연스레 떠오른다. 웨슬리 당시의 영국 사회와 상황이, 성경에 기록된 대로 에스겔 골짜기의 마른 뼈들로 가득한 상황이었기 때문이다. 생명을 잃어버린 종교는 형식은 있으나 의식이 요란하고 생명이 없다. 성당의 아름다운 건물과 제도 속에 성령의 바람이 들어갈 틈이 없는 것이다. 조직의 약점이 여기에 있다. 처음에 가졌던 순수하고 아름다운 정신이 조직화되면 조직이 생명을 갖기 시작한다. 조직이 정신을 지배하면 생명은 사라지는 것이다.

이러한 긴장 관계를 하나님께서는 어떻게 해결하시고 우리는 어디서 해답을 찾을 것인가? 하나님은 불쏘시개가 필요하셨고, 그 필요에 응답하여 기꺼이 자신을 하나님의 도구로 바친 자가 있으니 그 주인공이 바로 존 웨슬리다.

하나님은 웨슬리를 사망의 골짜기였던 영국에 부흥의 불을 붙이는 불꽃으로 또는 버림받은 사람들에게 힘을 주는 생기의 바람으로 사용하셨다.

그러한 일이 구체적으로 어떻게 일어났는지, 이제부터 웨슬리의 부흥 운동과 속회를 통해 하나님께서 일하셨던 방법들을 자세히 소개하고자 한다. New Room Vision Movement(새바람 부흥 운동)가 한국 교회의 새로운 부흥 운동의 새 바람이 되는 일에 미력하나마 일조하는 심정으로 이 글을 쓴다.

금년 2008년도는 나에게 있어서 아주 뜻 깊은 해다. 기독교대한감리회 교육국에서 속회 연구의 전문성을 위한 속회연구원(CMI: Class Meeting Institute)을 설립했기 때문이다. 이는 속회에 대한 정통성을 다시금 확립하고 새로운 시대에 맞는 속회 패러다임(Paradigm)을 발전시키고자 하는 의도에서 이루어졌다. 사실 지금까지 감리교회에 속회에 대한 전문 연구 기관이 없었다는 것은 안타까운 일이다. 그래서 속회라는 말을 일반적으로는 알고 있어도 오늘날 감리교인이나 목회자들조차 속회의 뜻이 무엇인지 제대로 알고 있는 이들이 없을 정도다. 웨슬리의 Class Meeting을 우리말로 번역할 때 '작은 무리들의 모임'을 의미하는 속회(屬會)로 번역하는데, 屬(무리 속)이라는 한자의 의미나 束(묶을 속)의 의미로 작은 Banding을 의미하는지에 대해서는 잘 모른다. 물론 우리가 살고 있는 시대는 한자 시대가 아니기에 이런 한자적 표현은 옛날 이야기로 들려진다. 속회 역시 옛날 유물 정도로 여겨질 만큼 단어의 매력을 상실한 것 같다. 그러나 시대 흐름을 어찌하랴! 거리를 지나다 보면 한글 한자 없이 전부 영어로만 간판을 만들고 새 정부 들어 더욱 영어에 대한 열풍이 불다 보니 젊은 세대에게 있어 한자의 의미는 더욱 매력을 상실하고 있다.

이런 시대 흐름에 맞춰 감리교 속회연구원에서는 속회를 '씨엠' (CM)이라는 새로운 용어로 부르기로 했다. 이것은 새로운 소그룹을 지칭하는 것이 아니라 웨슬리의 'Class Meeting'의 약자를 따서 만든 것으로, 시대적인 트렌드(Trend)를 고려한 용어다. 그리고 속회 용어의 변화는 새로움 마음으로 속회를 발전시켜보겠다는 속회 연구원의 새로운 결단이기도 하다.

나는 속회 연구원의 한 사람으로서 감리교회의 속회 또는 씨엠(CM) 발전을 위해서 이 책이 조금이나마 보탬이 되기를 소망한다. 또 후학들이나 목회 현장에서 속회를 적용해 보고자 하는 교회들에게도 도움이 되기를 바란다.

지난 2년 동안 기독교타임즈에 속회를 주제로 하여 연재했던 글을 재편집하여 이번에 책으로 출판하게 되었다. 이 책은 웨슬리의 삶이나 신학보다는 웨슬리가 조직했던 소그룹인 속회, 밴드, 선발 신도회 등의 역할과 목회적인 적용에 초점이 맞추어져 있다. 특히 제 9장의 속장론에서는 목회 현장에서 적용하면서 느낀 점을 많이 기술하였다. 따라서 이 책은 다른 웨슬리의 책에 비하여 실질적이고 현장적이며 목회적이고 응용 신학적인 경향이 강하다. 나는 교회 사역에 있어서 속회나 구역 또는 셀이나 목장 등 소그룹 운동에 관심이 있는 분들에게 웨슬리의 속회를 바로 전하고 싶었다. 그래서 속회나 소그룹 운동에 관심 있는 분들에게 조금이나마 이 책이 도움을 줄 수 있다면 좋겠다.

끝으로 이 책이 나오기까지 직·간접적으로 도움을 주신 분들께 진심으로 감사를 드린다. 먼저 학문적으로 많은 빚을 지고 있는 스승이신 김외식 교수님, 김홍기 교수님, 김진두 교수님, 김영선 교수님. 그 밖에 좋은 책을 번역해 주신 한경수 감독님께 감사를 드리고 싶다. 혹시나 본서가 선배 신학자들의 업적을 조금이나마 훼손하는 것은 아닌지 두렵고 떨리는 마음이다. 또 언제나 격려를 아끼지 않고 사랑으로 이끌어 주신 김광덕 총무님과 김두범 총무 그리고 일선에서 많은 애를 써 준 황건원 목사에게도 감사드린다. 타임즈에서 글을 연재하도록 허락해 준 박영천 국상과 곽인 목사에게도 진심으로 감사드린다. 그리고 교정과 문헌적인 도움을 아끼지 않은 이종신 전도사에게도 감사드린다. 무엇보다도 이 글이 나오기까지 현장에서 나의 스승들이 되어 준 양구감리교회, 내동교회, 북수원교회 속장님들과 성도님들께 감사드린다. 그리고 나를 신뢰하고 오랫동안 침묵으로 기도해 준 아내와 두 자녀에게도 감사드린다.

2008년 9월
박 용 호

The Wesley's Class Meeting influenced to Korean Church growth

The Korean Protestant Church has grown rapidly in its short history, and now represents over 30 percent of the population of South Korea. It is said that there are nearly 50,000 churches, 100,000 pastors and about 10,000,000 congregations. Among the many denominations, the Korean Methodist Church(K.M.C) is the second biggest denomination, has grown up about 5,700 churches, 10,000 pastors and 1,600,000 members. We are sure that such a growing is not by chance, but God's blessing.

For the great growing, it is not easy to evaluate the main reason because the Korean church has not influenced by any special model. However no one denies that the great sacrifices of Korean pastors are contribute to church growth. Their scarifies for the Kingdom of God have influenced to Korean for good. What, then, have pastors used as the main tool for the great growing? It is said that there are two main pillars. The first tool is the revival service centered around the praising God, the spiritual prayer, energetic pleaching and various God's gifts. In particular, the revival service was very popular among the 1960s-1980s. The second tool is the small group like cell group and house group which comes from John Wesley's Band and Class Meeting.

We can realize how important of mutual cooperation between the revival service and organization for the church growing in history. As a revivalist, there were two leaders in eighteen century, named whitfield and John Wesley. Although both were great leader of each groups, Whitfield's group had disappeared as time as gone, whereas Wesley's groups were extended more and more because Wesley organized the small group like the class meeting and the Band and took care of people's spiritual salvation. This means that organization is very important as much as revival movement. Like Wesley, the Korean church also has organized small group meetings and shared their spiritual experience and took care of each other. Therefore the number of small group has largely extended. For example, in 1960s, there were 1,100 class meetings in Korea, but in 1982, there extended 25,000 class meetings. Why did the class meeting extend so many? Whenever congregations growed up through the revival service, the church made the class meeting for the caring and bringing them. It was new paradigm for the evangelizing, caring, setting, and being witness again as like circle.

In general, Koreans were happy to meet in the house for any purpose. When the small group started in the house for the worship from the beginning, it was not any big problem. They were rather happy to worship in their house because they believed that God would bless their household. That is why the small group were well settled without any burden in Korean church.

The korean church's class meeting is combined by both the class meeting and the band system. Although it is not as same as like Wesley's time, the spirit of small group is exactly same. Through the small group, many people who could not go to church because of many persecution could easily listen the Gospel, in particular, among the house women. Like Wesley's time, the leader of the Class meeting was well devoted laity, took care of members and lead the worship in the house. Their caring and loving of members were not less than any other pastors.

However unfortunately nowaday the small group is not as same as previous because modern people prefer private life rather than openly meet in their house. Most of all, the small group does not want to challenge for renewal, but just formality managed by the untrained laity leader. So, the number of small group has declined since 1988.

I am sure, however, that the small group should recover again for the revival of Korean Church because most growing church including me still focus their attention on the small group as the main tool. That's why I concentrate upon Wesley's Class Meeting.

After my research of Wesley's Class Meeting, I find two main important principles, the service and system. In the service principles, there are three main things, "Caring", "Supporting" and "Making witness." This is, Wesley set up the Class Meeting for caring of members at first as like as nanny of baby and supporting them until growing up well without any shaking of faith and finally making them as God's witness. And Wesley did not neglect the training of the leaders of Class Meeting for covering of all stage. For the well development of service principle, Wesley set up system principle which was well connected with main society.

Before I focused my ministry upon the class meeting, at first I cared the leaders as example, acknowledged them as same as my ministerial partners and let them lead the Class Meeting with ministerial authority although they were all laity. Soon, I find that my church start to grow up and is still growing up.

In conclusion, I would like to introduce the goals of 2000s of the Korean Church. It has three goals, (1) for the 50% of the nation to profess Christ (2) growth to 20,000,000 Protestant Christians (3) for at least one Korean missionary to be working in each country of the world, and for a total of 10,000 to be serving as missionaries at that time. It is not to accomplish.

However, I would like that it is not just campaign with goals. If the Korean Church really practises their caring, supposing and being witness toward on another in the class meeting like Wesley, the Korean Church will be achieved of above goals with having quality and quantitative strength. Oh! Holy Spirit! Please help the Korean Church again to have revival again!

September 2008
Rev. Young-Ho Park

1

생명의 뿌리

1. 뿌리의 중요성

많은 학자들은 감리교회의 발전을 웨슬리의 탁월한 조직에 있다고 본다. 특히 웨슬리의 소그룹 운동인 밴드(Band)나 속회(Class Meeting)의 우수성을 많이 소개하고 있다. 1798년 통계에 따르면, 웨슬리 감리교회의 성도 수가 101,712명에 이를 정도로 대부흥을 했다고 한다. 그리고 그 부흥 뒤에는 조직적으로 이끌어 준 149속회가 있었다고 말한다. 이런 의미에서 본다면 감리교 성장에 있어서 웨슬리의 조직이 얼마나 소중한 역할을 했는지 짐작하고도 남음이 있다.

조직이 중요한 것은 사실이다. 왜냐하면 조직과 생명 그리고 열매의 관계성은 교회 부흥에 있어서 중요한 패러다임이기 때문이다. 따로 떼어 놓고 볼 수 없는 유기체적인 생명의 고리를 가지고 있다는 것이다. 그러나 조직이 있다고 해서 그 조직의 생명력이 계속 유지된다는 보장이 있는 것은 아니고, 더욱이 그 조직으로 인한 열매를 맺기까지는 더더욱 그러하다.

하나님의 인간 창조를 보자. 처음 사람 아담을 흙으로 빚어 만드셨을 때, 사람의 형태와 모양만 만드시고 창조를 완성하신 것이 아니었다. 그 육체에 생기를 불어 넣으시고 난 후에 인간은 비로소 생령을 갖춘 하나님의 형상을 가지게 되었다. 육체와 하나님의 생기는 유기체적 생명의 고리로 연결되어 영적인 인간으로 새롭게 태어났다. 여기서 중요한 것은 하나님으로부터 온 생기다. 이 생기가 하나님으로부터 왔기에 우리 인간은 영적인 존재이며 하나님의 형상인 것이다. 그래서 육체보다 인간의 영이 훨씬 중요하다. 즉, 조직적인 틀보다도 그 속에 담을 내용이 더 중요하다는 것이다. 그런데 오늘날 많은 사람들이 내용보다는 모양에 더 관심을 갖는 모습을 본다.

오늘날 교회들이 범하기 쉬운 오류가 있다. 그것은 하나님의 역사하심을 고려하기보다는 교회의 조직을 과대 포장하는 경우다. 교회 건물이나 조직을 잘 바꾸어 놓으면 교회가 저절로 부흥하고 발전하리라는 생각을 가지고 있는 이들이 의외로 많다. 일전에 어떤 목사님의 고민을 들은 적이 있다. 침체된 교회를 일으키기 위해 6개월 동안 예수전도단에서 훈련을 받았는데 여전히 교회가 부흥하지 않아 고민이라는 것이다. 어떤 조직이나 프로그램을 바꾼다고 해서 금방 부흥의 역사가 일어나는 것은 아니다. 그렇다고 조직이 필요 없다는 말은 아니다. 본인이 받은 감동이나 은혜를 조직 속에 어떻게 적용하여 생명력을 불어넣을 것인가 하는 것은 염두에 두지 않고, 조직이나 틀만 바꾸면 교회 부흥이 쉽게 되리라 생각하는 것이 문제라는 것이다. 건물과 조직이 있다고 해서 '교회'라고 불리어지는 것이 아니다. 주의 이름으로 모이고 주님이 함께했을 때, 그곳이 교회가 되고 주님이 교회의 머리가 되시는 것이다. 즉, 조직만 갖추었다고 다 교회일 수는 없다. 그 속에 그리스도의 영이 없다면 교회일 수가 없다.

오늘날 교회의 가장 큰 적은 자유주의 신학만이 아니라, 조직과 프로그램에 의해 일상화에 빠져버리는 일이다. 똑같은 일이 반복되는 일상화는 시간이 지나면서 관례가 되고 더 지나면 부패하게 된다. 왜 이런 현상이 생겨나는가? 그것은 성령의 주권적인 역사하심 없이 일상화된 목회를 하기 때문이다. 오늘 우리들은 교회 성장에 있어서 무엇이 가장 중요한지를 밝히 알아야 한다. 그래야 어떻게 준비해야 하는지에 대한 해답을 얻을 수 있다. 진정한 부흥 운동은 하나님의 뜻에서부터 시작해야 한다. 그 뜻이 성령의 감동으로 우리의 마음에 전해지고 그 뜻을 이루기 위해 조직을 구성하게 되는 것이다.

2. 소그룹 운동의 중요성

감리교 부흥이 조직 때문이라고만 단정지을 수는 없다. 「교회 안의 작은 교회」라는 책을 쓴 야곱 스패너에 의하면, 소그룹 단위의 조직은 웨슬리만 조직한 것이 아니라고 한다. 이미 1678년 성공회의 세인트클레멘트데인스교회에서 안토니 호네크가 종교신도회와 신성회(Holy Club)를 시작했고, 1700년경에는 런던에 40여 개의 신도회가 있었다.

웨슬리 부친인 사무엘 웨슬리도 1702년에 12명이 모이는 소그룹을 엡워스(Epworth)에서 조직했다는 기록이 있다.

독일의 모라비안들도 일찍부터 '헤른후트'에서 콰이어(Choirs)와 밴드(Band)라는 소그룹 조직으로 모이고 있었다. 한 마디로 소그룹 조직은 속회(Class Meeting)를 제외하고는 존 웨슬리 목사가 원조라고 할 수 없다. 그러면 이런 소그룹 조직들의 실상은 어떠했을까? 당시 대부분의 소그룹들은 부흥의 세포 분열을 일으키지 못했다. 그리고 언제인지 모르게 사라져 버리고 말았다. 반면 웨슬리는 소그룹들을 잘 정비하여 목회 현장에 잘 적용함으로써 감리교회 운동을 성공적으로 이끌었을 뿐 아니라, 오늘날 우리에게도 많은 도움을 주고 있다. 이런 측면에서 보면 웨슬리는 소그룹 운동을 교회 현장에 정착시킨 선구자임에 분명하다.

셀 연구의 권위자 가운데 한 사람인 침례신학교 박영철 교수는 '속회와 셀의 만남'이란 주제로 열린 한 심포지엄에서 이렇게 말했다. "엄밀한 의미에서 셀 사역의 개념은 속회로부터 영향을 받아 생겨난 것이라고는 볼 수 없다. 그것은 한 사람으로부터 전해진 것이라기보다 동시다발적으로 전 세계적으로 일어난 성령의 역사로 보는 것이 타당하다. 그 이유는 1970년대 중반부터 발견되기 시작한 셀 교회들이 상호 유기적 연관성이나 접촉 없이 세계 각 곳에서 개별적으로 생겨났기 때문이다."[1] 물론 박 교수는 셀과 속회의 형태가 너무나 유사한 점이 많다는 것을 인정하고 있다. 하지만 이런 그의 주장은 역사적 뿌리의 근간을 흔

---

[1] 박영철, '셀과 속회' (이 글은 2008년 4월에 한국웨슬리학회에서 주관한 심포지엄에서 발제한 내용에 있음.)

드는 위험한 주장일 수 있다. 아무리 성령의 역사로 출발한 것이라 할지라도 모델이 없이 자생한다는 것은 거의 불가능한 일이기 때문이다. 나무의 줄기가 몇 개 다르다고 해서 뿌리가 본질적으로 다르다고 무시하는 일은 있을 수 없는 것이다.

　　박 교수는 현대 셀 사역 운동의 아버지로 불리는 랄프 네이버(Ralph Neighbour, Jr.)[2]의 책을 소개하고 있다. 이 책은 랄프 네이버가 1970년대부터 80년대까지 20여 년에 걸쳐 영국과 아프리카, 미국, 중남미, 그리고 아시아와 호주의 셀 교회들을 직접 방문, 연구하여 집대성한 책으로, 1990년도에 출간되어 현대 교회들에 셀 교회와 셀 사역을 소개함으로써 많은 사람들에게 알려지기 시작한 셀 연구의 독보적인 책이다. 아이러니컬하게도 박 교수가 소개한 랄프 네이버는 최초의 셀 교회는 1973년 개척된 영국 런던의 익투스교회(Ichthus Christian Fellowship)라고 말한다. 그리고 1970년대 초에 이미 존재한 셀 교회는 영국의 베이싱스토크(Basingstoke)교회이며, 가정 교회의 저술가로 알려진 론 투르딩거(Ron Trudinger)는 그의 저서 「가정 소그룹 모임(Cells For Life)」에서 그 자신이 박사 논문을 쓰기 위해 찾아간 모라비안 교도들의 유산을 이어받은 교회를 소개하면서 이 교회는 셀을 적극적으로 활용하는 교회였다고 밝히고 있다.[3]

　　그리고 박 교수는 "셀 자체가 하나의 작은 교회로 간주되기 때문에

---

2) Ralph Neighbour, Jr, *Where Do We Go from Here?* (Houston, Touch Publications, 1990). 이 책은 장학일 목사가 1998년에 도서출판 서로사랑을 통해 「셀 목회 지침서」라는 책명으로 번역, 출판했으며 2년 후인 2000년에는 약간의 수정을 거쳐 정진우 목사가 도서출판 NCD에서 「셀 교회 지침서」라는 책명으로 출판했다.
3) 박영철, 셀 교회론(서울: 요단 출판사, 2007). 박영철, '셀과 속회' (이 글은 2008년 4월에 한국웨슬리학회에서 주관한 심포지엄에서 발제한 내용에 있음.)

이를 일컬어 '교회 속의 작은 교회'(ecclessiolae in ecclessia)라 한다."고 주장하면서 이에 대한 주석으로 이렇게 말하고 있다. "교회 속의 작은 교회들이라는 의미의 이 용어는 독일의 경건주의자 필립 제이콥 스패너(Phillip Jacob Spener)로부터 진젠도르프(Zinzendorf)와 존 웨슬리(John Wesley)로 이어지는 개념이다."[4] 이는 셀이 독자적으로 출발한 자생적인 운동이 아니라 이미 그 역사적 뿌리가 웨슬리와 연관성이 있다는 것을 말하고 있는 것이라 하겠다. 사실 영국에서는 투르딩거의 논문이 나오기 전 1969년에 출판된 마이클 스키너(Michael Skinner)의 「가정 예배 모임(House Group)」(Epworth Press, 1969)이라는 책에서 셀이나 가정 예배 모임은 예수님과 12제자 그리고 바울에 의해서 이미 시작되었었고 존 웨슬리의 속회를 통해서 부흥 운동의 중심에 있었음을 설명하고 있다. 이처럼 영국에서 웨슬리의 속회 운동(Class Meeting Movement)은 생소한 것이 아니었다. 그러므로 셀 교회가 웨슬리의 속회의 영향을 받은 것이라고 주장하는 것은 옳은 일이며, 그러한 영향력을 소홀히 하는 것은 기원에 대한 가치를 무시하는 것이라 할 수 있다.

누가 무엇을 언제부터 시작했느냐 하는 것은 그리 중요한 것이 아닐 수 있다. 그러나 후손들이 선구자의 업적을 인정하고 정확한 의도를 알아서 발전시키는 일은 무엇보다 중요하고 사명적으로 해야 할 책임이다. 초대교회의 가정 교회 형태의 소그룹 시작은 셀이나 속회의 원조다. 웨슬리도 초대교회의 소그룹을 속회 모델로 생각했고, 모라비안들에게서 배운 훌륭한 유산들을 결코 소홀히 하지 않았다. 그러나 웨슬리는 전

---

4) 박영철, '셀과 속회' (이 글은 2008년 4월에 한국웨슬리학회에서 주관한 심포지엄에서 발제한 내용에 있음.)

통을 소중히 여기고 인정하면서도 거기에 매이지 않고 전통을 발전시켜 한 단계 뛰어넘는 창의적인 능력을 발휘하였다. 우리가 배워야 할 점이 바로 이런 정신인데, 지난 세월 우리는 오히려 침체하였고 발전시키기는커녕 관리 속회로 전락하여 속회의 본래 정신과 브랜드 가치를 상실하고 말았다.

소그룹 운동의 역사적 뿌리는 성경에 근거를 두었고 많은 사람들이 이 운동을 시도했지만 모두 성공한 것은 아니었다. 그렇다면 어떻게 같은 소그룹임에도 웨슬리는 성공할 수 있었던 것일까? 어떻게 해서 웨슬리의 조직은 거의 250여 년 간 계속적으로 생명력을 유지하면서 소그룹의 뿌리를 이어오고 있는 것인가? 어떻게 그 누구도 따라 올 수 없는 탁월한 지도력과 조직력을 갖추게 되었는가? 조직을 잘 이끌었던 근본적인 생명력의 뿌리는 무엇인가? 그리고 웨슬리의 조직에는 무엇이 있었기에 부흥 운동에 결정적인 영향을 주었는가? 이것이 필자가 접근하는 중요한 첫 번째 관심이다.

생명이 자라기 위해서는 무엇보다 중요한 것이 뿌리다. 뿌리가 실하지 않은데 잘 자라거나 열매를 맺는 나무는 없다. 중국과 우리 나라, 그리고 일본에 걸쳐 잘 자라는 나무 가운데 모소 대나무가 있다. 이 대나무는 처음 심고 난 후 4년 동안 겉으로 자라는 것이 아니라 뿌리만 뻗어 나간다. 그러다가 5년 후부터는 하루에 70cm씩 자라 15일이면 다 자란다고 한다.

모든 생명체가 그렇거니와, 기초에 해당하는 뿌리는 열매를 결정짓는 중요한 요소다. 훈민정음에도 있듯이 뿌리 깊은 나무는 가뭄에도, 태풍에도 말라 죽거나 뽑히지 않는다. 운동선수들에게 있어서 기초는 무한히 성장할 수 있는 뿌리와 같다. 그래서 누구보다 기초가 잘 되어 있던 타이거 우즈가 골프 황제가 된 것은 당연한 결과라 할 수 있다. 그가 기초 훈련을 받을 때의 일화가 있다. 그의 아버지가 코치 겸 매니저로 그를 훈련시킬 때, 퍼팅을 하려고 하면 라디오를 크게 틀어 놓곤 했다고 한다. 그러면 우즈는 자기도 모르게 라디오 쪽으로 고개를 돌렸고, 그때마다 호되게 야단을 맞았다고 한다. "네 옆에서 벼락이 쳐도 오직 공에만 집중해라." 이것이 그의 아버지가 주문한 것이었다. 이런 강도 높은 훈련을 받은 우즈는 그 뒤 갤러리들이 아무리 많은 상황에서도, 또 무슨 일이 발생해도 집중력을 잃어버리지 않아 결국 골프 황제의 타이틀을 얻게 되었다.

3. 모라비안의 소그룹 운동과 쇠퇴 원인

소그룹에 있어서 우리는 모라비안들을 빼놓을 수 없다. 이들은 밴드(Band)라는 소그룹으로 활동했는데, 이 조직들은 교회 안의 작은 교회로써 세계 선교에 지대한 역할을 했다.

당시 모라비안의 지도자였던 진젠도르프는 1700년 5월 26일 드레스덴에서 오스트리아 가문 출신인 작센 선 제후국 장관의 아들로 태어났다. 10세가 되던 해에 할레대학에 입학하여 17세까지 그곳에서 공부하였는데, 이때 신앙심 깊은 프랑케와 유대 관계를 맺었으며 그의 경건주의에 대한 기본적인 이상인 순결한 교회와 순결한 영적 생활에 대한 뿌리가 내면에 자리잡게 되었다. 이러한 그는 다섯 명의 친구들과 함께 '겨자씨 모임'(the Order of the Grain of Mustard Seed)을 결성하여 예수 그리스도의 능력을 증거하고 신앙 문제로 고민하는 형제들을 도왔으며, 아직까지 복음을 듣지 못한 해외에 복음 전하는 것을 목적으로 활동하였다. 특히 로마 가톨릭교회와 보헤미아 국가 교회의 박해를 피해 헤른후트(Herrnhut)로 피난 온 형제단(The Unity of the Brethren)이라 불리던 모라비아의 후스파(Hussites) 개신교도를 돌보면서 그들의 지도자가 되었는데, 그의 활동은 그 이후 더욱 두드러졌다.

또한 진젠도르프는 밴드(Band)라는 작은 그룹 활동을 통해 서로의 신앙을 권고하고 부흥을 위한 중보 기도를 하면서 거의 2백 년 동안 수많은 선교사들을 각 대륙에 파송하였다. 서인도제도(the West Indies)를 시작으로 해서 그린란드, 아프리카, 북아메리카의 인디언, 중국, 페르시아, 자메이카, 그리고 안티구아(Antigua)에 이르기까지 선교사들을 파송했을 정도로 선교 열정이 대단하였다. 로날드 녹스(Ronald Knox Hasse)는 모라비안 운동의 이런 점을 가리켜 '유럽 선교에 활력 있는 누룩'이라고 하였으며, 하세(Hasse) 주교는 '모라비안의 영향은 초기 영국 부흥의 중요한 요소들 가운데 하나'라고 평가하였다.

그런데 이처럼 왕성하게 활동하던 모라비안 소그룹 조직이 세월이 지날수록 점점 생명력을 잃고 결국 역사 속의 한 운동으로 남아버린 이유는 무엇일까?

여러 이유가 있겠지만, 필자는 그들의 신학 속에 나타난 '정적주의' 사상을 지적하고 싶다. 이 사상은 루터의 이신칭의을 근거로 삼아, 우리 인간의 구원은 철저하게 믿음으로 말미암아 얻는 것이라고 가르쳤다. 그리고 이들은 인간의 성화까지도 믿음으로 다 완성된 것으로 보았다. 그래서 계속적으로 성화되어져야 하는 신앙의 단계적 성숙함을 거부하였다. 그들은 하나님의 뜻과 명령을 알기 위해서는 조용히 침묵하면서 하나님이 명령할 때까지 기다려야 한다고 믿었다. 그래야 인간의 의지에 의한 행위가 아니라 하나님의 뜻에 따라 행하는 것이라 생각했기 때문이다. 이러한 신앙 형태를 '침묵주의' 또는 '정적주의'라고 한다.

그러나 웨슬리의 생각은 달랐다. 진젠도르프 백작과의 논쟁에서 웨슬리는 중생한 사람도 계속적으로 성장하고 발전해야 함을 주장하였다. 사실, 어떤 인간이 태어나자마자 동시에 어른이 되었다고 말할 수 있을까? 그 누가 자신은 이제 더 이상 성화될 필요가 없다고 말할 수 있는가? 하나님께서 직접 나에게 말씀하지 않았다고 해서 선행도, 선교도, 복음 전함도 하지 않아도 된단 말인가? 계속적으로 침묵하고 하나님의 명령만 기다려야만 한다면 이 세상에 살 때 분별하며 살도록 주신 지혜와 지식과 명철은 언제 사용하란 말인가? 결국 모라비안들은 이런 정적주의적 사고에 의해 점점 선교의 열정이 식어져 갔고 형식만 남은 분재형 기독교로 전락하여 역사의 한 페이지로만 남게 되었다.

복음의 목적은 단순히 영혼 구원에만 있지 않다. 구원받은 성도가 잘 양육되어 온전히 성장하는 것이며, 자신이 돌봄을 받아 성장한 것 같이 다른 사람을 사랑으로 돌보는 일을 실천해야 한다. 웨슬리 감리교회의 생명의 뿌리는 '세계는 나의 교구'라는 선교적인 목표와 사랑의 혁명을 이루는 '선행의 돌봄 사역'에 있다. 그래서 웨슬리는 다음과 같은 감리교인의 생활 규칙을 역설한다.

"네가 할 수 있는 모든 선을 행하라. 모든 힘을 다하여, 모든 방법을 다하여, 모든 처지에서, 모든 장소에서, 모든 기회에, 모든 사람에게, 네가 살아 있는 동안 모든 선을 행하라.(Do all the good you can, by all the means you can, In all the ways you can, In all the places you can, At all the times you can, To all the people you can, As long as ever you can.)"[5]

분재가 아무리 아름다워도 그것은 열매를 생산할 수 없다. 기독교의 복음은 생명을 살리는 종교이며, 그리스도의 보혈이 흐르는 복음이다. 웨슬리가 모라비안의 영향을 많이 받았고 헤른후트까지 찾아가서 무엇인가 배우기를 원했지만, 정적주의로 흐르는 모습을 본 후에는 결별할 수밖에 없었다. 성장이 멈춘 것은 죽은 것이다. 목표가 없는 생명은 정체하게 되고 결국 죽고 만다. 웨슬리 속회가 성장할 수밖에 없었던 것은, 교회 안의 작은 교회로서 속회가 가지는 성장점이 무한히 열려 있었기 때문이다.

4. 영국 성공회와 영적 혼란

독수리는 세월 지나면서 부리와 날개와 발톱이 퇴화되어 죽어 가는데, 이때 젊음을 새롭게 회복하기 위하여 단호한 결단을 한다고 한다. 스스로 날개를 뽑아 내고 발톱은 바위에 부딪쳐 벗겨 내며, 마지막에는

---

5) John Wesley, 'The Use of Money', in *The Standard Sermons of John Wesley*, Vol. II(London: The Epworth Press, 1921), pp. 309-327. 웨슬리는 '돈의 사용' 이란 설교에서 그의 평생 좌우명(Motto)인 '감리교인의 생활 규칙' 을 잘 해설해 놓고 있다.

부리의 각질을 벗겨 낸 후 태양을 향하여 똑바로 서 있는다고 한다. 그러면 6개월 후에 완전히 새로운 독수리로 거듭난다는 것이다.

그렇다! 새로운 존재로 다시 태어나기 위해서는 자신을 쳐 복종시키는 고난의 단련이 있어야만 한다. 물이 고이면 썩게 마련이듯, 어떠한 사람이나 사상도 스스로 개혁하고 진화하지 않으면 도태되기 때문이다.

영국 성공회는 이러한 변화를 두려워했다. 이들의 출발 자체가 종교 개혁의 선상에서 출발하기보다는 정치적인 선상에서 출발한 것이기에, 자체적인 개혁과 변화를 끊임없이 추구해야만 했다. 로마 교황인 클레멘트 7세가 캐서린과의 이혼을 거부하자, 헨리 8세는 1534년 11월 영국 교회의 독립을 선언하고 영국 국회의 수장령(Act of Supremacy)을 발표함으로써 영국 성공회를 출범시킨다. 이 수장령의 내용은 한 마디로 교황청에 돈을 보내는 것을 금지하고 모든 성직자의 임명권을 왕이 가진다는 것으로, 결국 성공회는 왕이 왕권과 종교권을 한 손에 가질 수 있다는 정치적인 의도에서 시작되었다.

성공회는 새로운 종교 개혁이라고 말하지만, 사제(Priest)라는 말이 목사(Minister)라는 말로 바뀌고 라틴어 대신 영어로 예배 의식을 진행하는 것 외에는 로마 가톨릭과 별다른 점이 없었다. 즉, 약 15%의 루터 교회 신학과 약 85%의 가톨릭의 형식을 그대로 이용하여 종합한 결과 새로운 종교 형태를 만들어 버린 것이다. 사실 교회의 집권자들은 신학이나 의식에 관심을 가지기보다는 정치를 통한 자신의 권력 유지와 자리굳히기에 정신이 없었다. 심지어 자신들이 정해 놓은 성공회 외에는 어떠한 세례도, 성만찬도 할 수 없다는 법을 만들고 교회 외의 장소에서 설교도 할 수 없게 하였다. 이는 복음의 소유화, 성령의 소유화를 가속화시키는 결과를 낳았다. 또한 신학적으로도 이신론과 합리론의 영향을 수용하여 성경을 더욱 논리적으로만 이해하려 했고, 성경에서 말하는 이적 기사는 무시되었으며, 성령의 감화로 하는 기도보다는 인간의 머리로 기록한 멋진 문체로 쓰여진 기도문과 설교가 강대상에서 주로 선포되었다. 그 결과, 무식한 많은 대중이 설교를 이해하지 못했기에 교회에 가길 점점 꺼려하게 되었다.[6] 한 마디로 오늘날 흔히 말하는 복음의 양극화 현상이 일어나게 되었던 것이다.

5. 꺼지지 않는 복음의 불씨

그러나 하나님은 복음을 영국 성공회 성전에만 가두어 놓지 않으셨다. 복음에 열정적인 젊은이들이 뜨겁게 일어나기 시작했다. 영국 웨일즈에서는 하웰 하리스(Hawell Harris)라는 평신도 설교자가 나와서 웨일즈 전역을 다니며 야외 설교를 하게 하셨고, 1년 6개월 후에는 휫필드(Whitefield)라는 젊은 사제를 통해 교회 밖에서 복음을 전파하게 하셨고, 바로 이어서는 웨슬리를 통해 교회 밖에서 소외당하고 있는 불쌍한 영혼들을 위해 야외 설교를 하도록 하셨다. 하리스는 휫필드에게, 휫필드는 웨슬리에게 영향을 주었다.[7]

---

6) William R. Cannon, *The Theology of John Wesley* (New York, Nashville: Abingdon-Cokesbury Press, 1946), p. 16.
7) Gwyn Davies, *A light in the land : Christianity in Wales,* 200-2000 (Bridgend: Bryntirion Press, 2002). 이 책은 하웰 하리스(Howell Harris, 1714~1773)의 영적 복음운동에 대하여 자세히 설명하고 있다. 특히 그의 야외 설교에 대하여 잘 정리하였고, 휫필드의 영향력에 대한 내용도 잘 정리되어 있다.

당시 영국 성공회의 법에 따르면 설교는 교회 안에서만 하도록 되어 있었다. 이 사실을 영국 성공회 사제였던 웨슬리는 잘 알고 있었다. 그래서 오랫동안 성공회 법에 길들여져 있던 웨슬리는 그것을 당연시하였다. 그러던 어느 날 그의 영적 친구인 횟필드가 광신적이라는 이유로 미국 영국 성공회 강단에서 쫓겨나는 사건이 벌어지게 되었다. 그러나 횟필드는 좌절하지 않고 자기 고향과 가까운 브리스톨에 거점을 두고 가난한 광부들이 모여 살고 있는 킹스우드 지역에서 야외 설교를 하기 시작했다. 그 결과 복음에 목말라 있던 수천 명의 신자들이 모여들어 혼자서는 감당할 수가 없을 정도에 이르게 되었다. 그래서 횟필드는 자신의 영적 멘토이자 동역자인 웨슬리에게 연락을 하여 자신과 함께 복음의 사역을 하자고 요청하고, 이를 통해 야외 설교가 웨슬리에게 소개되게 되었다.

횟필드에게 브리스톨 킹스우드에서의 야외 설교(air field preaching) 초청을 받았을 때 웨슬리는 주저할 수밖에 없었다. 왜냐하면 영국 성공회 사제로서 교회 밖의 설교가 금해진 것을 알고 있었고, 또 자신은 옥스퍼드 교수로서 원하기만 하면 어느 교회에서든지 설교할 수 있었기 때문이다. 그렇다고 웨슬리가 야외 설교를 주저했다고 해서 크게 비판할 거리가 못 된다. 오히려 웨슬리의 야외 설교는 대단한 용기였다. 복음을 위해서라면 어떠한 틀과 제도도 과감히 벗어버리는 그의 용기에 큰 박수를 보내게 된다. 루터가 95개 조항을 붙여 놓고 복음을 변질시킨 가톨릭에 대항한 용기에 결코 뒤지지 않는다.

웨슬리가 야외 설교를 주저한 것을 더 상기해 보면, 베드로가 이방

인인 고넬료의 집에 가서 복음 전하는 것을 처음에 주저했던 상황과 비슷하기에 더 잘 이해할 수 있다. 하나님께서 고넬료의 종들을 욥바 시장 시몬의 집에 보내시고 기도하던 베드로에게 하늘에서 내려온 부정한 짐승의 환상을 통하여 이방인에게 복음을 전하는 것이 하나님의 뜻임을 계시하였을 때, 베드로는 하나님의 뜻을 알고 바로 순종한다. 베드로는 고넬료의 집에 가서 복음을 전하고 성령이 모든 사람에게 임하는 체험을 하게 된다. 이 사건으로 인해 베드로는 복음이 유대인에게만 주어지는 것이 아님을 확신하게 되고, 이는 이방인 선교를 하는 바울을 이해하고 도와 주는 중요한 계기가 된다.

웨슬리에게도 마찬가지였다. 그에게도 베드로의 주저함이 처음에는 있었으나 곧 성령의 음성에 따라 순종하는데 거기에는 그럴 만한 이유가 있었다. 휫필드의 요청에 따라 킹스필드에 갔을 때, 마침 휫필드의 정열적인 설교를 듣고 많은 사람들이 성령의 감화를 받고 있었다. 웨슬리는 앞에 앉아서 말씀을 경청하면서도 그의 이러한 방법에 못마땅해하고 있었다. 그러면서 모여든 회중들을 둘러보았는데 그때 웨슬리의 눈에 띈 어떤 광부가 있었다. 복음의 메시지에 깊은 은혜를 받은 그 광부는 하염없는 눈물을 흘렸고, 그 까만 얼굴에 선명하게 비친 눈물 자국은 웨슬리의 마음을 뭉클하게 하였다. 이 사건은 웨슬리에 있어 자신을 야외 설교자로 부르시는 하나님의 소명을 인식하는 계기가 되었다.

6. 복음 전파에 가장 큰 장애

웨슬리는 복음이 어디든지 전파되어야 하며, 복음이 전파되는 곳에는 성령의 역사가 함께 나타난다는 것을 확신하게 되었다. 그리하여 후에는 웨슬리가 주저했던 야외 설교가 감리교회의 자랑스런 전통으로 세워지게 되었다.

웨슬리에게 복음의 길을 막는 사람들이 있었다. 이런 핍박은 일찍이 자신과 함께 홀리 클럽(Holy Club)에서 활동했던 친구이자 링컨대학의 제자였던 제임스 허비(James Hervey)에게서 나타났다. 그는 교회 밖에서 복음 전하는 것을 당장 그만 두고 대학에 돌아와 교수 생활을 하든지 아니면 차라리 교구를 맡아서 일정하게 목회 생활을 하라고 요구했다. 그러나 웨슬리는 자신이 왜 복음을 전하는가에 대하여 단호하게 피력하며 이렇게 편지를 썼다.

"사람들은 날더러 다른 교구에서는 이런 일을 하지 말라고 합니다. 그 말은 실제로 아무것도 하지 말라는 뜻입니다. 나는 현재 내 자신의 교구를 가지고 있지 않으며 어쩌면 앞으로도 그럴 것이기 때문입니다. 그렇다면 나는 누구의 말을 들어야 할까요? 하나님입니까, 아니면 사람입니까? … 이제 괴로운 마음으로 이 문제에 관한 나의 원칙을 말씀드리겠습니다. 나는 온 세상을 나의 교구로 생각합니다.(I look upon all the world as my parish.) 이 말이 뜻하는 바는, 내가 이 세상의 어느 구석에 있더라도 구원의 기쁜 소식을 듣고자 하는 모든 사람에게 그것을 선포하는 것이 합당하고 정당하며 그것을 나의 본분으로 간주한다는 것입니다. 내가 알기로는 하나님께서 이 일을 위하여 나를 부르셨으며, 이 일에는 하나님의 축복이 따른다는 것을 나는 확신합니다."[8]

거의 같은 시기에 같은 성직의 길을 걷던 사람에게서도 핍박이 나타났다. 그 중에 가장 대표적인 사람이 브리스톨 주교였던 버틀러(Butler)였다. 그는 자신에게 허락받지 않았으니 자신의 교구 관할(Diocese)에서 설교하지 말고 당장 브리스톨을 떠나라고 명령했다. 그러나 웨슬리는 버틀러에게 굴하지 않고 자신은 사람에게 복종하기보다는 하나님에게 복종해야 된다고 반박하며 뜻을 굽히지 않았다. 또한 자신은 옥스퍼드의 교수로서 복음을 위해서는 어디서든지 전할 수 있다는 사실을 피력하고, 다시 한 번 "나는 온 세계를 나의 교구로 바라본다."면서 우주적인 교회의 사제임을 주장하며 끝까지 복음 전할 것을 피력하였다.[9]

불행하게도 우리는 기독교 역사 속에서 복음이라는 이름으로 복음의 길을 막는 일을 종종 확인한다. 유대인들의 선민 사상도 그 중에 한 가지 경우다. 그들은 자신들만이 선민임을 주장하면서 같은 동족이었던 사마리아인을 순수성이 변질되었다며 개취급하였다. 그러나 진리는 유대인들만의 소유가 아니다. 예수님은 온 인류를 위해서 오셨기 때문이다.

초대 예루살렘교회에서도 이런 현상이 나타난다. 예루살렘교회에 두 종류의 그리스도인들이 등장하는데, 유대 그리스도인과 헬라파 그리

---

8) 'To James Hervey', *Letters*, I, p. 286.
9) *John Wesley's Letter*, I (B), p. 293.

스도인이다. 유대 그리스도인들은 구약의 율법과 할례를 강조하고, 유대교의 선민 사상을 타파하지 못한 채 유대인 중심의 기독교를 만들려고 하였다. 그래서 자신들의 교회가 어떤 교회보다도 중심이라 생각하고 이방인 기독교인들을 무시하거나 차별화하였다. 구제 사역을 할 때도 헬라파 과부들보다 유대 기독교인 과부들에게 더 유익이 가도록 배려하는 이기적인 모습을 보였다. 결과적으로 복음을 여전히 유대인에게만 남겨 두려 했고 유대교적인 기독교만을 만들려고 하였다. 하나님은 이런 교회를 흩어버리시고 복음이 온 천하에 전파되도록 하셨다.

일찍이 가톨릭교회도 "교회 밖에는 구원이 없다."고 말했다. 이는 가톨릭교회 외에는 어떠한 복음도 인정하지 않는다는 것이다. 그래서 교황을 중심으로 자기들끼리 뭉쳤고, 복음보다는 정치적인 힘에 더 관심이 있었다. 그러면서 프로테스탄트가 복음을 들고 일어났을 때 그들은 성당 밖에서 전해지고 있는 프로테스탄트들의 복음을 인정하지 않고 오히려 이단시하면서 심하게 박해하였다. 한 마디로 종교 개혁은 복음이 복음 되게 하려는 하나님의 뜻이었다.

그런데 이러한 모습을 초기 성공회가 따라가고 있었다. 위에서 지적했듯이 처음부터 정치적으로 출발한 성공회였기에, 경건한 프로테스탄트들은 성공회의 예배 의식과 교회 제도는 완전한 개혁이 아니라며 반발하였고 그로 인해 사형을 당하거나 성직을 빼앗기기도 했다. 특히 칼빈 사상을 따르는 청교도라고 불리우는 많은 프로테스탄트들은 성공회의 종교 부패와 종교적인 타협성을 비판하면서 종교적 순수성을 지키려고 노력하였다. 어떤 이들은 박해를 피해 멀리 피신하여 새로운 나라를 세우기도 했으나, 대부분은 영국에 남아 핍박을 받았다. 또 어떤 이들은 성공회에 그대로 남아 있으면서 교회의 정화 운동을 펼쳤다. 이들은 약 3~400여 년 동안 영국 성공회의 종교 정책에 대항하면서 싸워 왔다. 결국 이들 때문에 영국 교회는 복음의 생수를 다시 마실 수 있었다.

그러나 시간이 흐를수록 청교도 정신은 사라지고 그들의 후손들은 오히려 극단적 칼빈주의와 예정론에 빠져 인간을 하나의 로봇으로 만들어 버렸다. 우유가 썩으니 물보다 더 진하다 했던가! 이들의 잘못된 극단적 예정론은 복음의 무용론, 설교의 무용론, 선교의 무용론을 만들고, 자기들만이 선택된 자라는 선민 우월주의에 다시 빠지고 말았다. 그리고 무엇보다도 더 이상 개혁하려는 의지를 갖지 못함으로 성공회는 다시 정치적인 종교로 전락할 수밖에 없었다.

복음보다 강한 것이 있을까? 어떤 나라가 복음을 묶어 놓을 수 있단 말인가? 누가 복음을 위해 일하는 사람을 막을 수 있을까? 하나님의 말씀은 살아서 움직인다 했고, 우리의 혼과 관절과 골수를 쪼갠다고 하셨다. 복음을 제도화해서는 안 된다. 특히 복음을 소유화해서는 더욱 안 된다. 성령을 소유화하고 교회를 소유화해서도 안 된다. 주님께서 세상을 사랑하사 온 인류를 위해 십자가를 지신 것처럼 복음이 온 세상에 흐르게 해야 한다. 웨슬리의 야외 설교 정신은 바로 복음을 복음 되게 하기 위한 정신이다.

영국 하이든공원의 한쪽 구석에 가면 야외 스피치 장소가 있다. 특별히 조성한 것이 아니라 조그마한 단상 하나 있는 것이 고작이다. 그곳에서는 누구든지 야외 설교를 할 수가 있다. 그러나 그곳에 가 보면 야외 설교를 하는 이는 없고 지나간 시대의 유물로만 남아 있을 뿐이다. 복음이 전파되지 않는데 영국 교회가 성장할 리 없다. 지금도 성전 건물들은 영국 곳곳에서 그 아름다움을 드러내고 있지만, 이제는 관광객들의 발걸음을 끌 뿐이고 성직자들도 가이드 정도의 역할에 머물러 있다.

이런 현상이 어디 성공회뿐이겠는가? 현재 대부분의 교회들이 교회와 성도들의 신앙 안에 복음의 생명 뿌리를 건강하게 뿌리내리지 못한 채, 신학과 전통만을 간직하고 있을 뿐이다. 생명력 있는 복음으로 푸른 잎을 내고 열매를 맺는 교회는 손에 꼽을 정도다.

길거리 전도의 문을 열었던 감리교 처음 사람들인 웨슬리 후예들이 그리워진다. 이미 사람들의 생명의 뿌리가 죽어가고 있고 심지어 목회자들에게서 보여지는 것도 마찬가지다. 이러한 위기를 인식하고 새로운 몸부림으로 모든 교단들이 힘을 합쳐 부흥 전략으로 내놓은 것이 Fresh Expression 운동이다. 감사하게도 우리 나라에선 전철이나 길거리를 다니며 전도하고 집집마다 복음 전하는 복음의 일꾼들을 많이 볼 수 있다. 이 사실에 소망을 갖는다. 웨슬리의 정신을 본받아 한국 감리교인들이 거리의 전도자, 거리의 설교자가 되었으면 하는 바람이다.

2

작은 씨앗

1. 홀리 클럽(Holy Club)

하나님의 역사는 언제나 작은 씨앗으로 시작된다. 작은 것이 좋거나 위대해서가 아니라 그것이 생명이 가지고 있는 성장 법칙이기 때문이다. 예수님이 이 땅에 오실 때도 작은 생명으로 오셨고, 그분의 사역도 나사렛과 갈릴리에서 시작됐다. 홀리 클럽(Holy Club)은 영적인 박토에 뿌려진 작은 씨앗이었고, 이것이 기초가 되어 웨슬리의 감리교 운동이 시작되었다.

홀리 클럽의 시작은 찰스 웨슬리로부터 시작한다. 그는 형인 존 웨슬리가 다니는 옥스퍼드의 크라이스트대학에 입학하게 된다. 그는 젊은 대학생으로서 보통 학생들처럼 인생을 즐겼으나, 곧 형 존 웨슬리와 어머니의 서신을 통해 경건한 생활을 하도록 충고를 받는다. 그래서 그는 영적 나태함에서 벗어나 경건한 신앙인으로 살고자 마음을 가다듬는다.

그 즈음 학교 당국에서는 학생들 사이에 불신앙이 유행처럼 번지자, 부총장인 버틀러(Butler) 박사는 교수들에게 좀 더 진지하고 효과적인 신앙 교육을 하도록 역설한다. 그러나 학감의 완고한 반대로 공문조차 게시하지 못하게 되나 찰스와 윌리엄 모건과 프란시스 고어(Holy Club 3인방)는 한 마음 되어 버틀러 박사의 지시대로 해 보기로 하며 작은 모임을 만든다. 이것이 바로 신성회라는 홀리 클럽(Holy Club)의 시작이다.

사건은 언제든지 일어난다. 그러나 그 사건 속에서 하나님의 뜻을 향한 선택과 결단으로 역사의 물꼬를 트는 역할을 하는 경우는 많지 않다. 시대 풍조(Trend)가 우리에게 미치는 영향에 대하여 릭 워렌(Rick Warren)은 "나는 네 하나님 여호와라. 바다를 휘저어서 그 물결을 뒤흔들게 하는 자이니 그의 이름은 만군의 여호와니라."(사 51:15)는 말씀을 들어서, 하나님은 시대마다 영적인 파도를 일으키시고 그것은 우리에게 또 다른 기회를 주시는 것이라고 하였다. 하나님의 섭리는 존 웨슬리나 찰스 웨슬리가 생각지도 못한 방법과 방향으로 역사하셨다.

이 작은 모임의 처음 목적은 오직 헬라어 신약 성경을 공부하는 것이었다. 그러나 존 웨슬리가 합류하고 리더가 되면서 경건 생활의 다양한 형태로 발전해 나가기 시작했다. 보통 5시에서 6시 사이에 일어나 기도하고, 경건의 시간을 갖고, 헬라어 신약 성경을 읽었다. 이 순수하고 열정적인 모임은 열렬한 기도와 함께 발전해 나갔다. 1730년 머튼대학(Merton College)의 로버트 커크햄(Robert Kirkham)이 합류하면서 변화가 왔다. "더 이상의 시간을 잃거나 더 이상의 돈을 소비할 수 없다."는 그의 주장을 모두가 좋게 받아들이면서 홀리 클럽의 방향은 고전을 읽는 것과 자선 사업을 하는 것, 매주 성찬식을 갖고 교회의 모든 규례들을 살피며, 병자와 가난한 사람들과 무식한 사람들과 죄수들을 정기적으로 돌아보는 일, 그리고 종교적 훈련에 많은 투자를 하기 시작한다.

옥스퍼드 크라이스트처치에서 작게 시작한 홀리 클럽은 점점 잎을 내기 시작했고, 사람들에게 유명한 악동 모임이 되어갔다. '성경 벌레', '성경 고집쟁이', '초자아의 사람들', '열광주의자', 그리고 '규칙주의자'라고 불리게 된 것이다. 이들은 이런 별명들 중에 '규칙주의자'라는 호칭이 자신들의 목적에 부합한다고 생각하여 'Methodist'를 자신들의 표식으로 삼았다. 이는 드디어 새로운 역사의 문이 열리고 이름조차 그들의 의지와는 달리 역사의 관찰자에 의해 지어지도록 섭리하신 것이라고 믿는다. 우연은 없다. 사람들이 우연이라고 부르는 것이 사실은 하나님의 섭리다. 당시 영국 사회가 무질서와 타락과 술로 인해 망해 가는 현실 앞에서 경건 운동은 필연적인 요구였고, 역사의 연출자이신 하나님은 이 백성을 그냥 두고 보지 않으셨다. 동시에 전 세계를 향한 하나님의 비전이 이렇게 시작된 것이다.

홀리 클럽(Holy Club)이 감리교회의 시작임은 의심할 여지가 없다. 특이한 점은 이것이 영국 성공회에서 출발한 것이 아니라, 젊은 학생들이 성경을 연구하고 성경대로 살아보겠다고 결단한 경건 운동에서부터 출발한 것이요, 또 대학교에서부터 출발했다는 사실이다. 그래서 감리교에는 젊은 열정과 패기가 있다. 이 얼마나 영광스럽고 열정적인 출발인가?

홀리 클럽의 규칙들은 웨슬리가 회심한 이후 부흥 운동을 펼쳐 나갈 때 속회를 통해 발전해 나갔다. 사람의 영혼이 거듭났다 해도 여전히 옷이 필요하고 먹어야 하듯이, 은혜의 방편인 규칙들과 조직은 훈련을 통한 성화에 중요한 요소이기 때문이다.

홀리 클럽의 규칙들을 보면 마치 수도사들의 규칙처럼 철저한데 한 번 살펴보자.

1. 일찍 일어나고 일찍 잠자기를 실천하였다. 매일 아침 저녁 5시부터 6시까지 개인 기도의 시간을 가지며, 저녁 9시부터 10시까지 자기 성찰을 하면서 하루의 마침 기도를 하였다. 자기 성찰의 질문은 하나님 사랑하기, 이웃 사랑하기, 겸비하기, 육체의 정욕 죽이기, 자기 부정, 세속적인 것 포기하기, 온유하기, 감사의 생활 등이다.
2. 정기 모임에서 성경을 읽으며 해석하고, 경건의 책들을 읽고 내적 성화와 성화의 실천을 증진하기 위한 토론과 대화를 하였다. 영적인 독서는 홀리 클럽(Holy Club)의 가장 우선적이고 핵심적인 과제로서 경건 생활의 원동력이 되었고, 웨슬리는 회원들이 읽어야 할 영적 도서 목록을 만들어 주었다.
3. 매일 영적 일기를 쓰며, 한 주간에 하루는 편지를 썼다.
4. 영국 국교회의 모든 공중 예배와 기도회에 참석하였다.
5. 매주일 가능한 모든 기회에 성만찬을 받았다.
6. 영국 국교회의 법과 규칙을 지켰다.
7. 매일 오전 9시, 12시, 오후 3시에 매일의 기도(Collects)를 드렸다.
8. 매주 수요일과 금요일에 금식하되, 오후 3시까지 아무것도 먹지 않았다.
9. 매일 한 시간씩 전도하고 신앙 생활에 관하여 권면했다.

10. 유익한 대화만 했다. 모임마다 대화의 주제를 미리 정하고 계획했다.

11. 중보 기도를 하되, 주일에는 동료들을 위하여, 월요일에는 학생들을 위하여, 수요일과 금요일에는 중보 기도를 요청하는 사람들을 위하여, 그리고 매일 함께 있는 사람들을 위하여 기도하였다.

12. 감옥의 죄수들을 방문하였다. 당시에는 억울하게 갇힌 사람들이 많았으며, 감옥의 환경이 나빠서 병고에 시달리다가 죽는 이들이 많았다. 일주일에 두 번씩 정기적으로 감옥을 방문하여 돌보는 일을 하였으며, 이는 그들의 평생 사역으로 지속되었다.

13. 병든 사람들을 방문하였다.

14. 가난한 사람들을 방문하여 돌보았다. "주린 자들을 먹이고, 벗은 자들을 입히고, 병든 자들을 돌보고, 갇힌 자들을 돌아보라."는 그리스도의 명령을 따라서 자신들이 할 수 있는 모든 선행을 실천하였다. 구체적으로 노동자들의 공장을 방문하였고, 가난한 사람들이 공동으로 생활하는 구빈원(Poor House)을 방문하여 돌보는 일을 하였다. 이 모든 돌봄의 최종 목적은 사람들의 영혼을 죽음에서 구원하는 일이라 믿으며 실행하였던 것이다. 이들은 구체적인 방문 계획표를 만들어 실행하였다.

15. 가난한 집 아이들을 위하여 학교를 설립하여 가르치는 일을 하였다. 홀리 클럽의 사회 활동은 자선과 교육을 함께 병행하는 것이었고, 이것은 나중에 감리교 사역의 중심 사역 중 하나가 되었다.

16. 자신의 수입 중에서 필수적인 생활비를 제외하고는 모두 남에게 주었다. 이것은 웨슬리가 일생 동안 지킨 원칙이었고, 대부분의 홀리 클럽 회원들도 지킨 것으로 알려졌다.[10]

---

10) 김진두, 존 웨슬리의 생애(서울: KMC, 2006), pp. 92-95. 홀리 클럽은 수도원은 아니었지만 수도원적인 삶은 살아보려고 노력했다. 특히 웨슬리는 수도원적인 영성 책들을 읽고 많은 영향을 받았다. 특히 그에게 영향을 주었던 몇 권의 책들은 다음과 같다. 토마스 아켐퍼스의 「그리스도를 본받아(Imitation of Christ Christian Pattern)」와 「기독인의 모델

재미있는 것은 '메도디스트'(Methodist)라는 이름의 유래다. 옛날 로마 시대 네로 황제 때에 특별한 방법으로 치료를 하는 의사들이 있었다. 이들은 모든 질병은 특별한 방법의 다이어트와 철저한 규칙 생활, 그리고 운동을 통하여 고칠 수 있다고 가르쳤는데 이렇게 가르친 의사들을 사람들이 '메도디스트'로 불렀다는 것이다.

웨슬리가 이 별명을 좋아한 것은, 규칙적인 생활이 건강에 얼마나 중요한지 이미 체험을 통해 누구보다 잘 알고 있었기 때문이다. 어릴 때부터 어머니를 통해 철저한 규칙 생활과 훈련을 받았고, 차터하우스(charterhouse) 시절에는 약한 몸을 위해 아버지의 충고에 따라 운동장을 매일 세 바퀴 이상 돌았던 운동을 통하여 건강을 회복했으며, 크라이스트처치에서도 건강 때문에 고생할 때 규칙 생활과 다이어트와 치료를 통해 건강을 회복했기 때문에 당연히 공감했을 것이다.

웨슬리의 창조적인 감성이 이때부터 빛나기 시작했다고 할 수 있는 것은, 자신의 경험을 신앙 안에서 적용하고 실험하는 정신이 누구보다 뛰어났기 때문이다. 영적인 건강도 이러한 과정을 통하여 유지할 수 있는 것이라고 볼 때, 나중에 밴드(Band)나 속회(Class Meeting)에서 철저한 규칙과 훈련을 통해 성화를 이루도록 적용한 것은 홀리 클럽(Holy Club)이 씨앗이 되었기에 가능했던 것이라 할 수 있다.

(Christian Pattern)」, 제임스 테일러 감독이 쓴 「거룩한 삶과 거룩한 죽음(Holy Living and Holy Dying)」, 윌리암 로오의 「기독인 완전(Christian Perfection)」과 「헌신적이고 거룩한 삶으로의 초대(A Serious Call to a Devout and Holy Life)」이다. 홀리 클럽에서의 규칙적인 삶은 웨슬리의 일기에 잘 나타나 있다. *Journal*, I, pp. 87-105.

아무튼 홀리 클럽이라고 부르는 이들의 작은 모임은 분명 당시 옥스퍼드대학에서는 별난 모임이자 혁명적이었으며, 이러한 일은 그 시대의 Fresh Expression Movement라고 할 수 있다. 이 모임은 처음에 세 명으로 출발한 작은 모임이었으나 웨슬리의 탁월한 지도에 의해서 약 8년 후인 1735년에는 세 명의 교수와 많은 젊은 목사들을 포함하여 약 40여 명의 회원을 갖은 강한 단체로 성장하게 되었다. 성경대로 살아보겠다는 이들의 정신은 후에 감리회 운동의 기초가 되었다. 그러나 그 해 10월 21일 영국 성공회 소속 스펙(Speck)의 추천과 지원을 받아 존과 찰스 웨슬리가 미국 조지아주 선교사로 떠나면서 홀리 클럽은 해산하게 된다.

이 작은 모임이 갖는 중요성은, 경건 훈련을 통해 진정한 성결을 추구하고 그리스도인의 완전을 위한 헌신의 삶을 살도록 목표를 갖게 한 것이다. 후에 웨슬리가 모라비안 정적주의에서 벗어날 수 있었던 것도 홀리 클럽에서의 경건 훈련과 선행의 실천이 가져다 준 온전한 믿음에 대한 이해 때문에 가능했고, 오히려 모라비안 밴드(Band)의 장점인 개인적인 체험과 친밀한 형제주의, 그리고 상호 고백적인 영성 훈련을 가미하여 속회를 더욱 발전시켜 나갔다.

2. 조지아 신도회(Georgia Religious Society)

웨슬리는 끊임없이 추구하는 영성을 가진 목회자였다. 홀리 클럽(Holy Club)의 이상적인 방법을 실험하고 싶은 열망이 그를 조지아주 선교사로 자원하게 하는데, 신비적 실험 생활에 가장 좋은 환경이라고 믿었던 프레데리카(Fredrica in St. Simon Island)와 사바나(Savannah)에서의 실패는 인간적인 노력에 의한 성결이나 경건의 한계를 깨닫게 하는 과정이었다.

아무리 잘 정돈되고 체계화된 규칙이나 조직이라도 생명의 종교는 거기에 갇히지 않는다. 성전이 아무리 아름다워도 건물 자체가 거룩한 것이 아니라 하나님의 영광이 거기에 임하고 백성이 믿음으로 나갈 때 거룩한 것과 같이, 규칙과 규율이 성결을 이루게 하는 것은 아니라는 사실을 웨슬리는 깨닫게 된다.

조지아는 지성과 인간 의지의 무덤으로 웨슬리를 땅 끝으로 몰아붙였다. 이것은 마치 엘리야가 경험했던 것처럼 바람과 불같이, 지진같이 능력 있게 역사하는 것만이 하나님의 일이라고 생각했는데 호렙산에서 불과 지진이나 바람 가운데 계시지 않고 세미한 음성 가운데 계신 것을 통하여 하나님이 일하시는 방법을 깨닫게 되고, 성화된 엘리야로 불말과 불 병거 타고 승천한 것과 비교할 수 있는 부분이다.

존 웨슬리가 조직의 천재라고는 하지만, 단번에 성숙한 조직을 이룬 것이 아니다. 몇 번에 걸친 시행착오를 통하여 발전시켜 나간 것을 확인할 수 있다.

그 첫 번째가 홀리 클럽(Holy Club)이고, 두 번째가 1735년부터 1737년까지 조지아주의 선교사로 사바나와 프레데리카(Frederica)에서 사역할 때에 조직했던 신도회(Georgia Religious Society)다. 웨슬리는 회중들을 모아 작은 신도회를 구성하고, 정규적으로 그의 사택에 모여 함께 기도하고, 찬송과 성경을 연구하며, 동시에 종교적인 대화를 통하여 서로 돕는 일을 하게 하였다. 웨슬리의 의도는 이 신도회를 초대교회 공동체와 같은 경험을 하게 하는 것이었다. 홀리 클럽이 대학의 엘리트들을 중심으로 이루어진 것이라면, 조지아에서의 신도회는 교회 안에서 이루어진 최초의 실험이었다.

1736년 4월의 일기를 살펴보면 사바나에서 어떻게 신도회를 형성하게 되었는가에 대하여 잘 기록되어 있다.

"그때까지 우리의 주된 계획을 추구하기 위한 어떤 열려진 문도 찾을 수 없었기 때문에, 우리는 사바나에 있는 적은 양떼가 어떻게 하면 크게 유용할 수 있는지를 생각하게 되었다. 그리고 우리는 다음과 같은 것들에 동의하였다. ① 그들 가운데서 보다 더 진지한 사람들로 하여금 일종의 작은 신도회를 구성하여, 일주일에 한두 번씩 모여 서로 책망하며, 가르치며, 권면하도록 충고할 것. ② 이들 가운데서 적은 숫자의 사람들을 선택하여 보다 더 친밀한 연합을 이룰 것. 그러면 때로는 우리의 개인적인 대화에 의하여, 또 때로는 그들 모두를 우리의 집으로 초청함으로 그 연합이 진전될 수 있을 것이다. 그리고 이것을 우리는 매주일 오후에 실시하기로 결정하였다."[11]

조지아 신도회의 중요성은 모라비안들의 방법을 창조적으로 적용

---

11) *Journal*, I, pp. 197-205.

해 보는 실험이었다는 데 있다. 모라비안들은 교회 내에서 작은 순모임을 통한 교제를 실천하였을 뿐만 아니라, 이 신도회를 통하여 '교회 안의 작은 교회'(Ecclesiolae in Ecclesia)의 원리를 실험하였다. 웨슬리는 영국 국교회 안에서 전도 설교와 소그룹 교제를 통하여 교회를 갱신하고자 노력했던 것이다.

조지아 신도회가 홀리 클럽과 다른 것은 웨슬리의 역할이었다. 옥스퍼드에서는 대학 교수였을 뿐 아니라 유일한 지도자였다. 그러나 조지아에서는 모라비안 형제들과 긴밀한 관계를 맺으면서 지도와 지침을 받았고, 특히 스팡겐버그(Spangenberg) 목사의 영향을 많이 받으면서 모라비안의 신비주의적 정적주의에 대하여 깊은 고찰을 하게 되었다. 이러한 경험들이 나중에 웨슬리 복음주의의 노선을 분명하게 할 수 있게 하였다.

웨슬리는 또한 이곳에서 어떤 신도회나 교권의 지도자라도 권면이나 격려가 필요하다는 중요한 원리를 배운다. 열려진 마음을 가지고 배우는 것에 인색하지 않음으로 웨슬리는 성숙한 조직체에서 여러 계층을 포괄하는 체계를 창출할 수 있었다. 그렇다 해도 이곳에서 웨슬리는 처절한 실패의 아픔을 맛보며 영국으로 귀국한다. 이것은 마치 웨슬리 목회의 광야와 같은 곳이었고, 성숙을 위한 산고의 고통이었던 것이다.

3. 페터 레인 신도회(Fetter Lane Religious Society)

웨슬리 속회의 세 번째 작은 씨앗은 '페터 레인 신도회'(Fetter Lane Society)다. 홀리 클럽이나 조지아 신도회 그리고 페터 레인 신도회를 작은 씨앗이라고 부르는 것은, 이것이 웨슬리 속회의 중심이 아니고 이들을 통한 실험을 통하여 건강한 웨슬리 속회가 탄생했기 때문이다.

1738년 5월 1일 런던에서 설립된 페터 레인 신도회는, 웨슬리가 조지아 실패의 아픔을 겪고 사무엘호(1738년 2월 3일 런던 도착)를 타고 돌아가는 동안 보았던 「드 렌티의 생애」라는 책의 영향에서 비롯되었다. 이 책에서 종교적 신도회의 중요성을 확인한 웨슬리는 그 책을 출판하고, 모라비안의 피터 뷜러와 국교회 목사인 제임스 허튼(James Hutton)의 가정에서 '우리의 작은 신도회' 라고 부르는 페터 레인 신도회를 시작한다.

이 신도회는 다수의 독일인들과 소수의 영국인들로 구성되었으나 영국 성공회에 소속된 신도회였다. 그러나 뷜러나 웨슬리가 이 신도회를 어떤 교파적인 색깔로 이끈 것은 아니었다. 신도회는 뷜러의 제안으로 두 가지 규칙을 만든다. 첫째는 매주 한 번씩 모여 서로에게 잘못을 고백하고 용서와 치료를 받기 위해 기도한다. 둘째는 이 목적에 동의하는 신실한 사람들은 누구든지 받아들인다. 이것이 최초의 골격이었다. 신입 회원은 먼저 밴드(Band)에 가입하여 일정 기간 훈련을 받도록 하였다. 매주 수요일 정기 집회(Conference)에서는 찬양과 기도, 말씀과 서로 돌보는 영적인 성격의 집회를 진행하였고 토론은 하지 못하게 하였다. 매월 1회 애찬회를 가졌으며, 매월 넷째 주 토요일에는 중보 기도회를 가졌다. 이 신도회의 특징은 영국 국교회의 경건회와 모라비안의 밴드가 결합된 것이다. 영국 교회의 경건회는 조직과 교육이 강점이고, 모라비안 신도회는 개인의 영적인 체험을 바탕으로 하는 밴드, 애찬회, 상호 책임(Accountability)이라고 하는 영적 돌봄이 특색인데, 페터 레인 신도회는 이 두 모임의 특징이 잘 조화롭게 결합된 새로운 형태의 신도회였던 것이다.

페터 레인 신도회는 계속 발전하여 50여 명까지 모이게 되었다. 그래서 허튼의 집이 비좁아 페터 레인에 위치한 넓은 예배당으로 옮겨야 했다. 이 당시 애찬회 때 나타난 경험을 기록한 일기를 보면 놀라울 정도다. 1739년 1월 1일 정기 애찬회 때에 60여 명이 모였는데, 너무도 진지하고 은혜가 충만하여 새벽 3시까지 계속되었다. 당시 웨슬리의 일기를 보면 다음과 같이 기록돼 있다.

"기도를 계속할 때에 하나님의 능력이 너무나 강하게 역사하여 많은 사람이 넘치는 기쁨으로 큰 소리를 질렀고 많은 사람이 바닥에 쓰러졌다. 조금 정신을 차렸을 때에 우리는 주님의 권세 있는 임재에 놀랐고 두려움에 가득 차 모두 한 목소리로 '우리가 하나님을 찬양합니다. 오 하나님! 우리가 당신을 우리의 주님으로 인정합니다.' (We praise Thee, O God; we acknowledge Thee to be the Lord)라고 외쳤다."12)

---

12) *Journal*, II, pp. 121-125.

이런 상황에서 브리스톨에서 활동하고 있던 휫필드는 자신과 함께 하자고 웨슬리를 초청했고, 오랜 갈등 끝에 결국 웨슬리는 브리스톨에 가서 휫필드와 함께 복음 사역을 하게 된다. 그러나 완전히 페터 레인을 정리한 것은 아니었고 런던과 브리스톨을 오가며 자신의 사역을 감당하였다. 웨슬리가 브리스톨에서 야외 설교로 분주해지면서 런던의 페터 레인 신도회를 잘 돌보지 못하자, 신도회는 두 가지 교리 논쟁으로 갈등하기 시작했다. 하나는 칼빈주의자들의 이중 예정론과 또 하나는 모라비안의 정숙주의(Stillness)였다.

특히 정적주의와의 갈등은 페터 레인 신도회가 분열되는 결과를 초래하고 말았다. 독일에서 온 모라비아교의 지도자 필립 몰더(Philip Henry Molther)는 웨슬리와 정반대의 정적주의를 가르치면서 은혜의 방편들과 경건의 행위를 버려야 한다고 가르쳤다. 그러나 웨슬리는 정적주의를 철저히 반대하였기에 신도회 안에 당연히 갈등의 상황이 발생하게 되었다. 결국 이들은 따로 따로 모이게 되었고, 1740년 4월 웨슬리가 파운드리 신도회(Foundery Society)를 조직하자 정적주의에 반대하던 20여 명은 파운드리 신도회원으로 가입하였고, 그 해 7월 페터 레인 신도회는 해산되고 말았다.

우리가 아는 대로 이 기간 동안 웨슬리의 올더스케잇(Aldersgate) 회심 사건이 있었고 회심의 경험은 전도, 교제, 평신도의 역할 등에 관한 견해를 바꾸어 놓는 결과를 가져왔다. 당시의 상황에서 평신도를 밴드(Band)의 지도자로 세웠다는 것은 획기적인 일이 아닐 수 없다. 이는 웨슬리 속회의 새로운 탄생을 알리는 신호와 같은 것이었다. 모라비안들은 자기들과 다른 신학적 견해를 가진 이들에게는 배타적이었기 때문에 웨슬리는 그들을 떠나지 않을 수 없었다. 페터 레인 신도회를 나온 것은 오히려 웨슬리에게는 축복이었다. 왜냐하면 자신의 독자적인 리더십을 갖고 진정한 메도디스트(Methodist)의 길을 갈 수 있는 길을 열었기 때문이다.

3

뉴-룸 New Room

1. 새로운 교회의 모델

옥스퍼드에서 조지아로 그리고 올더스케잇에서 회심한 웨슬리의 신앙 여정은 새로운 국면에 접어들게 되었다. 그 동안의 경험들이 준비하는 기간이었다면, 브리스톨에서의 사역은 새로운 탄생의 싹과 같은 것이었다. 횟필드에 의해 수많은 영혼이 구원을 받았으나, 그들을 조직하고 돌보는 밴드나 신도회에 대한 경험과 은사가 없던 횟필드는 웨슬리가 브리스톨에 와 주기를 계속 요청하였다. 사실 횟필드는 브리스톨에 정착하기 위해서 온 것은 아니었다. 그는 조나단 에드워드와 함께 미국에서 크게 부흥 운동을 했고, 조지아에서 고아원 설립을 목표로 자금을 모으기 위해 영국에 왔던 것이다. 그리고 그 자금 모금을 위해 성공회에서 부흥 운동을 하려고 하자 광신적인 신앙인으로 낙인찍혀 교회에서 더 이상 설교할 수 없게 되었던 것이었다. 그래서 그는 브리스톨에서 야외 설교를 시작했던 것인데, 의외로 많은 사람들이 모이게 되었다. 그러나 휫필드는 이들을 잘 인도할 조직력이 약했고, 또 자신은 미국으로 돌아가야 할 처지였기 때문에 자신의 뒤를 이어 수많은 성도들을 보살필 사람이 필요했다. 그는 그 적임자가 바로 웨슬리임을 알고 급히 브리스톨에 와 달라고 요청한 것이었다.

당시 페터 레인 신도회의 규칙은 무슨 일을 결정할 때 혼자 결정하는 것이 아니라 조 모임에 속한 공동체에 물어서 결정하도록 하였다. 웨슬리가 브리스톨에 가는 문제를 물었을 때 다수의 사람들과 동생 찰스 웨슬리는 적극 반대하였다. 이들은 각각 성경에 물었는데 모라비안 쪽 사람들이 뽑은 첫 성경 구절은 "그리고 신앙심 깊은 한 사람이 스데판의 시신을 들고 나가 묻었으며 그를 위해 크게 슬퍼했다."였고, 선교회 쪽 사람들이 뽑은 성경 구절은 "그리고 아하즈가 그의 아버지와 동침했다. 그리고 그들은 그를 예루살렘에 묻었다."라는 구절이었다. 혼란에 빠진 웨슬리는 자신이 브리스톨에 가면 순교할지도 모른다는 생각을 했지만, 순교를 각오하는 마음으로 가기를 결심한다.

결국 웨슬리는 1739년 3월 29일 런던을 떠나 브리스톨로 가서 휫필드를 만난다. 그러나 뜻하지 않게 야외 설교를 제안받게 된 웨슬리는 처음엔 꺼리게 된다. 왜냐하면 영국 성공회에서는 야외 설교를 불법으로 여기고 있었기 때문이었다. 그러나 4월 1일 주일에 수많은 군중 앞에서 설교하는 휫필드를 보면서 웨슬리는 야외에서도 복음의 능력이 역사함을 눈으로 직접 확인하게 된다. 특히, 자신의 앞에 앉아 있는 광부가 석탄가루가 묻은 새까만 얼굴에 아랑곳하지 않고 줄곧 눈물 흘리는 것을 보면서 하나님의 부르심의 사인임을 감지하게 된다. 이들이야말로 자신을 통해 하나님의 말씀을 전하고자 하는 사람들이라는 것을 확신하고 야외 설교를 결심한다.

1739년 4월 2일 오후 4시, 웨슬리는 브리스톨 외곽인 벽돌 공장(Brickyard, Glass House라고 불러진 이 지역은 St. Philip's Marsh 지역에 있음)에서 3천여 명의 사람들에게 첫 설교의 포문을 열었다. 첫 설교 본문은 이사야 61장 1절과 누가복음 4장 18~19절이었다. 그리고 후에는 대부분 킹스우드의 하남 마운트(Hanam mount)에서 주로 야외 설교를 하였다. 웨슬리에게 있어서 야외 설교의 시작은 전혀 새로운 하나님의 방법이었고, 그 동안 모라비안의 정적주의와 영국 국교회의 제도적 경건주의에 대한 분명한 하나님의 응답이었다.

수많은 사람들이 회심하고 모여드는 가운데, 1739년 4월 4일 저녁 무렵 세 명의 여인이 웨슬리를 찾아와 신도회 모임을 요청하였고, 저녁 8시에는 네 명의 남자들이 찾아와 자기들도 그렇게 모이기를 바란다고 요청하였다. 아마도 이들은 이미 있었던 볼드윈 신도회와 니콜라스 신도회원들이었을 것이다. 지금도 브리스톨 중심에 가면 니콜라스 마켓을 중심한 거리가 이름을 통해 보존돼 있다. 두 신도회 회원들은 함께 예배 드릴 장소가 필요함을 호소했고, 웨슬리는 이들의 건의를 받아들여 브리스톨 호스 페어(Horse fair, 말 시장)에 있는 땅을 11명의 공동 명의로 구입하였다. 5월 12일 건물의 초석이 놓여졌고, 그 뒤 3주 만에 건물을 완공하였다. 그리고 1739년 6월 2일 역사적인 첫 예배가 뉴 룸(New Room)에서 드려졌다. 바로 최초의 신도회의 건물이 들어선 것이다.

2. 뉴-룸(New Room)의 특징과 의미

감리교회는 교회로부터 시작된 것이 아니라 속회로부터 시작되었다. 브리스톨에서 순식간에 불어난 사람들을 감당할 길이 없었던 웨슬리는 먼저 신도회(Society)를 조직하였고, 신도회 수도 증가하자 연합 신도회(United Society)를 다시 조직하였다.

그러나 신도회에 속한 성도들이 얼마 지나지 않아 믿음이 식어지고 많은 문제를 야기하자 웨슬리는 고민 끝에 좀 더 강력한 조직과 훈련을 위한 새로운 제도를 확립하였다. 그는 브리스톨뿐 아니라 런던과 다른 지역에서 생겨난 신도회들을 효율적으로 돌보고 또 신앙 훈련을 위한 조직적인 연결 고리가 필요함에 주목하였다. 그리하여 총칙을 만들어 하나의 감리교회 연합체를 형성하였다. 이것이 연대주의 혹은 하나를 지향하는 연결주의(Connectionalism)이며, 지금도 영국 감리교회에는 이 조직이 살아 있다.

웨슬리는 왜 하나를 지향하는 연합체 운동을 주장하였는가? 웨슬리의 정신은 분파주의보다는 신앙적이다. 하나님이 한 분이시고 성령도 하나이며 교회도 하나이므로 하나 됨을 지향하는 것은 성도의 마땅한 본분이며 서로 돌보고 사랑하여 장성한 그리스도의 분량에 이르도록 하라고 교회들에 권면했던 바울처럼, 웨슬리는 하나 된 교회는 성숙하고 성장하는 교회로서 철저한 돌봄을 통해 성화를 이루어 가는데 목적이 있다고 여겼다. 이러한 조직은 웨슬리의 리더십과도 관계가 있다. 목표를 향한 분명한 철학과 책임감을 가지고 있던 웨슬리는 항상 점검과 연구에 힘쓰고, 훈련과 책망 그리고 구체적인 삶을 통한 돌봄으로 강력한 리더십을 발휘하였다.

이제 우리는 감리교의 첫 예배당이었던 뉴 룸(New Room)의 역사와 의미를 살펴본 뒤, 속회와 밴드 등에 관해 살펴볼 것이다. 뉴 룸은 처음부터 교회의 목적을 가지고 건축된 것은 아니었다. 갑자기 일어난 부흥의 불길은, 연구하고 조사할 겨를 없이 당장에 모일 수 있는 공간을 필요로 했기 때문에 뉴 룸은 한 달 만에 완성되었다. 영국 성공회라면 건물 자체에 의미를 두고 성전의 개념으로 접근하기에 오랜 세월을 두고 화려하게 건축하였을 것이다. 그러나 웨슬리는 청교도의 영향을 받아 단순하게 건축하는 것과 전통이나 제도적 개념보다는 기능적인 부분에 관심을 두었기 때문에 성당 같은 건물에는 관심이 없었다. 뉴 룸(New Room) 안에서는 약국, 병원, 학교, 구제소, 교회 등 다양한 사역이 펼쳐졌다. 당시 교회의 개념으로는 파격적이고 획기적이 아닐 수 없다.

당시 웨슬리의 야외 설교를 반대했던 버틀러(Butler) 주교가 사역했던 브리스톨성당(Bristol Cathedral)은 브리스톨에서 가장 화려하고 웅장한 성당이었다. 화려하게 장식돼 있는 천장과 스테인리스 창문들은 참으로 감탄하지 않을 수 없으며, 더욱이 일시에 천 여 명 이상 앉을 수 있는 규모와 웅대한 파이프 오르간은 지금도 입을 벌릴 수밖에 없다.

그러나 이 성당에서 걸어서 약 10분 정도의 거리에 있는 웨슬리의 뉴 룸(New Room)은 초라하기 짝이 없다. 뉴 룸이 세워진 장소는 말 시장(Horse Fair)이 있는 서민들이 우글거리는 곳이었고, 많아야 고작 150

여 명 정도밖에 앉을 수 없는 조그마한 예배당이었다. 뉴 룸 입구에 있는 웨슬리의 마구간도 수수함을 보여 주지만 실내 역시 마찬가지다. 예배당 안은 다른 어떤 교회보다도 투박하게 보이는데, 그 이유는 벽에 창문이 하나도 없이 벽돌로만 쌓여 있기 때문이다. 위에서 말했듯이 화려한 건물이 목적이 아니었기에 창문마다 스텐글라스로 장식할 필요도 없었겠지만, 진짜 더 큰 이유는 당시 웨슬리의 감리회 운동을 반대한 폭도들이 돌을 던지는 위협을 자주했기 때문에 성도들을 보호하기 위해 예배당에 창문을 만들지 않았던 것이다. 이런 모습만 보더라도 초기 웨슬리 감리회 운동이 얼마나 힘들게 출발했는지를 짐작할 수 있다.

웨슬리는 이 교회를 가난한 자들을 돌보는 무료 병원이나 학교, 평신도 지도자들을 가르치는 신학교로 또는 순회 전도자들의 무료 숙소로 사용하였다. 뉴 룸(New Room)의 2층에는 웨슬리 자신의 숙소가 있었는데, 그의 방을 보면 조그마한 침대 하나와 설교나 편지를 쓰기 위한 초라한 책상이 고작이다. 웨슬리는 그곳에서 설교 준비도 했지만 회중의 신앙 생활을 관찰하고 설교자들의 태도와 내용들을 들으며 평가하는 일도 하였다. 그의 마지막 삶도 그렇듯이 처음 시작도 지극히 검소하였다. 그러나 무엇보다도 이 뉴 룸이 의미 있는 이유는, 웨슬리 운동에 있어서 가장 중요한 것 중에 하나인 속회(Class Meeting)를 최초로 시작했다는 점이다.

1748년에 이 집은 약 두 배로 증축되었다. 그러나 감리교회들이 부흥하면서 큰 교회들이 세워지자 이 작은 교회는 사용 용도가 적어졌고, 1808년에는 웨일즈의 칼빈주의 감리교회가 사용하기 시작했다. 뉴 룸

(New Room)이 감리교단의 무관심 속에서 쇠락해 가는 것을 안타깝게 생각했던 신실한 믿음의 사람이자 부자 상인이었던 윌리엄(William Lamplough) 집사는 1929년 이 건물을 개인적으로 사서 교단에 헌납하였고, 교단은 이 건물을 개보수하여 1930년 2월 13일 다시 오픈하여 오늘에 이르기까지 사용하고 있다.

2차 대전 때 주변의 모든 건물이 다 무너지게 되자 브리스톨 시 당국은 뉴 룸(New Room)도 허물기로 했었으나, 다시금 그 역사적인 가치를 인정해 보존하기로 결정하였다. 이 역시 하나님의 은혜가 아닐 수 없다.

3. 속회(Class Meeting)의 기원

브리스톨 지역은 여러 가지로 문제가 많은 지역이었다. 당시 런던 다음으로 부와 규모가 큰 대항구 도시였지만 역시 빈부의 격차로 큰 혼란 속에 있던 지역이었다.

당시 상업 도시로 발전하던 브리스톨 사회는 몇몇 귀족이나 상인을 제외하고는 노동자들뿐이었다. 브리스톨의 부자들이나 상인들은 담배나 설탕, 초콜릿 등을 수입, 가공하여 아프리카에 수출하였고, 또 아프리카에서 노예들을 잡아와 그들을 다시 수출하면서 많은 수익을 얻어 건축을 하기도 하였다. 이런 부자들과 상인들에 고용되어 살아야 했던 많은 노동자들이 있었다. 이들은 극단적인 생활고를 겪지는 않았으나 생활의 빈곤함은 여전히 끝이 없었다.

또 다른 부류의 노동자들이 있었는데, 이들은 킹스우드에 있는 석탄과 주석 광산의 노동자들이었다. 이들은 탄광의 막장에서 언제 죽을지 모르는 불안감과 싸우면서 사는 불행한 사람들이었으며, 가난과 질병으로 인한 삶의 무게로 윤리 의식이나 경건 훈련이 전혀 안 된 거친 사람들이었다. 바로 이들이 웨슬리의 청중들이었으며 후에는 이들이 감리교인의 핵심이 되었다. 웨슬리는 이들을 위해 목이 터져라 외치며 복음을 전하였다. 그러나 워낙 교육이 안 된 노동자들이라서 잠시 신도회에 나왔다가도 몇 주만 지나면 불신자와 똑같이 행동했다. 그러나 웨슬리는 포기하지 않았다. 힘든 전도였으나, 기회가 있을 때마다 야외에서 목이 터져라 외쳤다. "죄가 많은 곳에 은혜가 넘친다."는 성경 말씀처럼 이 죄악의 도성에 복음의 빛이 비춰지자 사람들이 서서히 변하기 시작했다. 그리고 모이기 시작했고 넘치기 시작하여 뉴 룸(New Room)을 건축하지 않을 수가 없게 되었다.

뉴 룸은 돈이 있어서 지은 건물이 아니었다. 그리고 당시 감리회의 회원들은 가난한 서민들이 대부분이었기에 어떤 독지가의 이름으로 지어진 것도 아니었다. 복음을 위해서 당장 필요했기에 빚을 지면서라도 지어야 할 필요가 있었다. 웨슬리 자신이 부동산이나 건축에 문외한이었기에 뉴 룸을 건축하면서 11명의 이사를 추대하여 공동 명의로 하였다. 이 소식을 들은 휫필드가 그렇게 하면 자유롭지 못하고 언젠가 문제가 생길 수밖에 없으니 웨슬리 개인 명의로 하라고 강력하게 권고하여, 웨슬리는 다시 자신의 이름으로 바꾸었다. 그러나 얼마 지나지 않아 부채를 갚지 못하여 심각한 곤경에 처하게 되었고, 1742년 2월 15일 웨슬리와 몇몇 이들은 함께 모여 부채를 갚기 위한 방법을 논의하였다. 이 자리에서 은퇴한 선장 포이(Captain Foy)는 "각 회원이 모든 부채를 갚기까지 일주일에 1페니씩 내도록 합시다."는 제의를 하였다. 다른 사람이 "많은 회원들이 가난해서 그 돈을 낼 수가 없습니다."고 대답하자, 포이는 "그렇다면 그 중 가장 가난한 사람 11명을 나에게 맡겨 주시오. 나는 그들을 매주 방문할 것이고, 그들이 내지 못하면 내가 대신 그들의 몫을 내겠습니다."라고 말하였다. 이 말에 감동한 다른 회원들은 자기에게도 11명을 맡겨 달라고 요청하였고, 이렇게 하여 11명씩 몇 그룹이 만들어지게 되었다. 그룹을 맡은 신실한 사람들은 포이 선장의 제안대로 매주 각 가정을 방문하여 헌금을 모으는 일을 시작하였다.

그런데 이 일을 하면서 놀라운 일이 일어났다. 각 지도자들이 돈을 받기 위해 회원들의 집을 방문하면서 돈만 받는 것이 아니라 그들을 만나고 사정을 들어보면서 진정한 돌봄의 사역을 하게 되었던 것이다. 그들은 모은 돈은 유사에게 납부하고, 신변상의 문제는 웨슬리에게 보고하였다. 웨슬리는 성도들을 돌보는데 있어서 이 방법이 꼭 필요함을 깨닫고 더 체계적으로 조직하는데, 이것이 곧 속회(Class Meeting)의 기원이다. 참으로 웨슬리의 창조적인 생각은 감탄할 정도다. 그 동안 신도회에만 의존하여 발생하였던 회원들의 관리 문제가 이제는 작은 그룹인 속회로 나뉘어져 신앙 교육과 훈련, 돌봄과 나눔, 그리고 교제 공동체가 가능해지면서 본격적으로 성장해 가게 되었다. 이 조직이 기대 이상의 가치를 발휘하자 두 달 후에는 런던의 파운드리 신도회에서도 적용하여 실시하였다.

이처럼 뉴 룸(New Room)은 새로운 방을 의미하는 건물로서의 역할 보다는 진정한 감리교회의 모태가 되었다는 점에서 그 가치를 평가해야 한다. 하나님은 역사 속에서 끊임없이 교회를 리모델링하시고 계시다. 모세에게 주셨던 성막의 의미는 구름기둥과 불기둥같이 우리와 함께 하시며 교제하기를 원하시는 것이었는데, 사람들은 성전을 지어 놓고 하나님을 숭배의 대상으로만 만들어 버렸다. 가까이 가기에는 너무 거룩하여 접근하기 두려운 존재가 되신 것이다. 예수님의 초림과 부활로 구원 사역을 완성하시고, 성령의 내주하심을 통하여 우리 몸을 성전 삼으시며 더욱 더 깊은 교제를 원하시는 주님이신데, 우리는 여전히 더욱 웅장하고 아름다운 교회를 지어 놓고 세상과 교회를 차단시켜서 거룩한 공간 만들기에 힘을 쏟고 있다. 이렇게 세상과 교회를 분리시키는 것은 또 다시 주님을 소외시키려는 왜곡된 신앙의 모습이라 하겠다.

런던에 있는 세인트 폴(St. Paul) 대성당은 감탄의 입을 다물지 못할 만큼 웅장하고 아름답다. 그러나 그곳은 이미 예전에 교회로서의 기능을 잃고 기념관이나 관광 명소로 전락해 버린 느낌이 강하다. 반면 뉴 룸(New Room)은 마치 서울 한복판을 떠나 강원도 산골의 품에 들어 깊은 평안과 안식을 맛보듯이, 우리의 영혼과 마음을 오직 하나님께 향하도록 하는 느낌을 준다. 교회는 이래야 한다. 주님은 잃어버린 채 자신과 물결을 바라보면서 두려움에 믿음의 능력을 잃고 물속에 빠졌던 베드로처럼, 본질을 놓치고 주변적인 것에 마음을 빼앗기는 불신앙의 어리석음을 범해서는 안 된다.

분명히 뉴 룸은 새로운 비전을 향한 하나님의 방법이었다. 교회를 전통과 제도와 세속적인 덫에서 해방시킨 새로운 시도였다. 뉴 룸을 중심으로 일어난 부흥 운동은 속회 조직을 통해 불같이 전 영국에 퍼져 나갔고, 미국에서까지 놀라운 부흥으로 이어져 역사 속에 새로운 방이 만들어졌다.

4. 속회의 성장과 쇠퇴

웨슬리 목사는 뉴 룸(New Room)의 총회에서 아메리카 선교의 필요성을 강조한 설교를 하였는데, 이 설교에 깊은 감동을 받고 소명을 느낀에즈베리는 자원하여 아메리카의 선교사로 가게 되었다. 에즈베리의 전도로 미국 감리교회는 다른 어떤 교파보다 급속히 성장하였는데, 그 이유는 순회 전도자들(Tour Preachers)이 가는 곳마다 속회를 세우고 그것이 얼마 지나지 않아 교회가 되었기 때문이다.

미국의 서부 개척이 본격적으로 이루어지면서 많은 사람들이 서부로 이동하여 많은 교회가 필요하게 되었다. 그러나 여타 교단에서는 미개척지인 서부에 들어가 활동하기를 주저하였다. 그러나 감리교회의 순회 전도자들은 모든 어려움을 무릅쓰고서 성령의 이끄심 따라 서부로들어갔다. 서부 지역에 도시 개척 건설단이 들어갈 때 감리교 순회 전도단과 까마귀가 함께 들어간다는 전설이 생길 정도로 감리교회 순회 전도자들은 열성적이었다.

도시가 형태를 갖추기도 전에 이미 몇 개의 감리교 속회가 만들어지고 그들을 중심으로 교회가 세워졌다. 이런 순회 전도자들의 열정으로 미국의 남북 감리교회는 우체국 수만큼이나 많아지게 되었고, 결국 감리교회가 미국에서 가장 큰 교단으로 자리매김하게 되었다.

그런데 이렇게 성장한 미국 교회도 세월의 흐름에 따라 쇠퇴하여 오늘날에는 UMC에 속한 교회들 중에 속회를 운영하는 교회가 거의 없고 속회가 무엇인지도 알지 못하는 상황에까지 이르렀다. 물론 해 아래 영원한 것은 복음 외에는 없는 것 같다. 그러나 뉴 룸(New Room)의 정신이나 부흥 운동, 또 뉴 룸에서부터 출발한 속회의 근본 정신 등은 잃어서는 안 될 것이다.

그렇다면 영국 교회와 미국 교회에서 속회가 쇠퇴하게 된 이유는 무엇인가?

우선 영국 교회의 속회가 쇠퇴한 원인을 채부리 선교사는 다음과 같이 분석한다.

첫째, 좋은 지도자가 없었기 때문이다. 교회가 성장하고 목회자들이 바빠지면서 관심과 훈련과 개발 부족으로 평신도 지도자들이 지속적으로 배출되지 못한 원인이 있다.

둘째, 교인들의 짓궂은 질문 때문이다. 복음과 경건에 대한 관심이 기보다는 세상적인 관심과 질문으로 흘러 결국 속회의 특징인 경건성과 권징까지도 잃어버리게 되었다.

셋째, 영적 책임 의식의 상실이다. 자기를 열어 놓음으로 성화를 실천하는 것과 치료의 역사가 일어나고 하나 된 공동체를 이루는 가장 좋은 방법이 영적 상호 책임 의식인데, 이러한 의식을 상실함으로써 성령의 하나됨의 역사를 단절시키는 결과를 초래하고 역동적인 속회가 되지 못하는 원인이 되었다.

넷째, 성경 공부를 하지 않았기 때문이다. 말씀에 무지한 성도들이 신앙의 뿌리를 내릴 수 없었고, 형식적인 그리스도인만 배출하게 되었다.

다섯째, 개인주의 때문이다. 어느 그룹이나 마찬가지지만 개인주의는 헌신과 희생이 없는 공동체의 가장 큰 독이다. 곡식이 빻아지고 반죽이 되어야 빵을 만들 수 있는데 깨어지기를 거부하고 각자의 개성을 가지려 한다면 공동체는 존재할 수 없게 되는 것이다.

여섯째, 감정의 분출과 형식주의 때문이다.

이러한 요인들로 인하여 영국 교회의 속회는 능력을 잃어버리고 관리 속회로 점점 전락하여 오늘날에는 6,100개 교회에 30만 성도로 줄어들었다.

미국 교회의 속회가 쇠퇴하게 된 이유는 다음과 같다.

첫째, 물질의 풍요로 인한 편리주의 때문이다. 편리한 것은 좋은 것이지만 영적인 나태와 안일을 가져와 조금이라도 힘들고 어려운 일이라면 하지 않으려 했기에 기도나 성경 공부, 봉사와 헌신이 사라져 복음의 능력이 나타나지 않게 되었다.

둘째, 목회자들이 행사나 모임에 참석하느라 소홀히 했기 때문이다. 돌봄이 없다면 어떤 영혼도 성장할 수 없는 법인데, 속장들을 지속적으로 훈련하고 돌보는 일을 담임목사가 하지 못했다면 속회는 자연 쇠퇴할 수밖에 없다. 목회에 있어서 목회 온도는 교회 성장과 밀접한 관계가 있다. 목회자들이 본질적인 것을 외면하고 부수적인 일에 시간을 낭비함으로써 에너지가 분산될 때 교회 성장은 멈추게 돼 있다. 오늘날 한국 교회의 문제도 지도자 그룹에 속한 목사와 장로들이 본질적인 영혼 구원이나 교회 성장을 위해 무릎 꿇는 시간보다 다른 일로 더 바쁘다는 데서 한 원인을 찾을 수 있다. 이러한 요인들이 교회 성장과 비례한다는 사실을 간과하고 있는 것 또한 안타까운 사실이다.

셋째, 속회를 주일학교로 대치한 것이다. 속회와 주일학교와는 많은 차이가 있다. 교회 안의 작은 교회인 속회는 돌봄의 공동체이며 그 안에는 교제, 훈련, 나눔, 선교, 봉사, 친교 등 다양한 기능이 있다. 그리고 무엇보다 영적 상호 책임(Accountability)의 기능이 있어 성화를 추구하는 동시에 치유의 기능을 가지고 있는 웨슬리 감리교회의 가장 중요한 뿌리가 되었다. 그런데 이러한 근본을 잃어버림으로써 쇠퇴하게 되었다.

한국에서는 웨슬리의 속회가 감리교뿐 아니라 다른 교단에서도 구역이라는 이름으로 사용되고 있고, 또 셀 교회나 가정 교회 등의 이름으로 사용되는 것을 볼 때 참으로 다행이라는 생각이 든다. 그러나 속회의 종주 교단인 감리교회에서 요즘 웨슬리의 속회를 점점 잊고 있는 것 같아 안타깝기만 하다. 어떤 이는 웨슬리의 속회가 시대에 뒤떨어졌다고 말한다. 그러나 사실은 우리가 웨슬리의 속회를 제대로 연구하지 못한 이유가 가장 클 것이다. 내 손에 귀한 보물을 쥐고도 보물인지 모르는 어리석음을 더 이상 범해서는 안 될 것이다.

4

파운더리 신도회 Foundery Society

1. 감리교회의 연합 정신(Connextionalism)

브리스톨에서 대부흥 운동이 시작되고 뉴 룸(New Room)이 새로운 부흥 운동의 산실이 되면서 니콜라스 신도회와 볼드윈 신도회 그리고 킹스우드 신도회가 탄생하게 되었다. 이들 신도회에서 일어난 부흥 운동은 초대교회 같은 성령의 강력한 역사를 일으켰다.

그런 가운데서도 웨슬리는 런던을 자주 방문하여 두 가지 일을 시작했다. 첫째는 옛날 옥스퍼드 메도디스트 동료들과 하나의 연결 조직을 만들고 이를 계절 모임과 매년 모임으로 묶어 각자가 사역하고 있는 일을 보고하고 협의하도록 한 것이다. 이것이 웨슬리의 리더십 가운데 조직을 통하여 이끌어 가는 실제적인 모형이고, 하나의 연결 혹은 연대주의(Connectionalism)라는 것이다. 연대주의란 각기 다른 지역에서 형성된 신도회가 개체성을 갖고 있다고 하더라고 서로 다른 것이 아니라 서로 연결된 하나의 신도회라는 의미다. 그래서 각기 다른 지역에서 온 순회 설교자가 가더라도 동일하게 자신의 지도자로서 가르침을 받고, 다른 신도회에 속한 감리회원들도 어디를 가든지 동일한 형제자매로 인정하고 같이 활동한다는 정신이다. 또 그들의 가르침을 받는 공동체를 웨슬리는 '연합 신도회'(United Society)라고 불렀으며 이러한 정신을 감리교회의 연대주의라고 한다.

웨슬리의 리더십은 개인주의나 개교회주의에 반대한 리더십이었다. 실제로 변화된 한 지역의 신도회가 다른 지역과 연대 의식을 가지고 서로 협력하여 도우면 다른 지역도 쉽게 성장해 나갔다. 이러한 웨슬리의 연대 의식 정신은 감리교회의 중요한 특징으로 자리잡았다.

이런 차원에서 감리교회는 하나다. 영국이나 미국, 한국이나 아프리카에 있다고 하더라도 웨슬리의 연대 의식으로 본다면 하나다. 따라서 한 마음으로 책임 의식을 갖고 서로 도우며 발전해 나가야 한다.

2006년 11월 웨슬리전도학교 강사 교회들 중 몇 교회(6교회)가 136명의 전도단을 파송하여 영월지방 24교회를 대상으로 전도 투어를 다녀온 적 있다. 이것은 웨슬리의 연대주의 정신의 실현이라고 할 수 있다. 도시와 시골의 교회들이 함께 전도 교육을 받고 함께 짝지어 전도를 나가는 것, 이 얼마나 아름다운 일인가?

요즘처럼 개교회주의에 매여 연합 운동이 안 되는 때에 이러한 일은 감리교회가 성장할 수 있는 하나의 좋은 방법이라고 생각한다. 그 지역 목사님들의 평가는 이 방법을 좀 더 적극적으로 확산시켜 활용한다면 교회들뿐 아니라 영월 지역 전체에 엄청난 시너지 효과를 낼 것이므로 더 적극적으로 했으면 좋겠다는 것이었다.

몇 년 전 전남 광주에서 있었던 호남 지역 선교대회도 그렇거니와, 웨슬리가 그랬던 것처럼 연대주의를 부흥 운동을 위한 조직으로 활용하여 300만 신도 운동의 횃불을 다시 들어야 한다고 생각한다. 방법적인 측면에서 개선해야 할 일들이 많이 있음에도 불구하고 그러한 시도는 매우 바람직하다고 할 수 있다. 앞으로 한국 교회는 이러한 연대 의식을 가지고 좀 더 적극적으로 협력해 나가야 한다.

불행하게도 오늘날 한국 교회를 보면 이러한 연대 의식이 너무나 결여되어 있음을 느끼게 된다. 큰 교회는 큰 교회라고 우쭐대며 섬김을 받으려 하고 있다. 웨슬리는 에즈베리가 감독이 된 것에 대하여 매우 심한 질책을 하였다. 메도디즘의 정신은 겸손이고 섬김인데, 이와 반대로 높아지려고 한 것에 대한 책망이었다. 오늘날 교단이 겪고 있는 질병 가운데 하나가 바로 그런 모습이 아닌가? 권력을 위해서는 수단과 방법을 가리지 않고 일단 쟁취하면 의가 되는 현실이다. 하지만 웨슬리의 연대 의식은 같이 잘 사는 일이다. 큰 교회는 작은 교회를 살려야 한다. 큰 교회, 작은 교회라는 구별은 웨슬리의 정신으로 보면 부질없다. 웨슬리의 정신은 큰 교회이든 작은 교회이든 하나의 감리교회일 뿐이다. 이제 한국 교회는 자신들의 에너지를 자기 교회만을 위한 부흥 운동에 쏟아 부을 것이 아니라 함께 부흥하는 일에 신경을 써야 할 것이다. 이것이 바로 웨슬리의 정신이기 때문이다.

2. 파운더리 신도회의 배경과 중요성

웨슬리가 런던에서 행하였던 두 번째 중요한 일은 신도회를 조직한 것이었다. 1739년 11월 11일, 웨슬리는 대포를 만들던 무기 공장(Royal Foundery for Cannon) 마당에서 6~7천 명의 청중에게 설교를 하게 되었다. 그런데 이것이 동기가 되어 그 공장을 매입, 개조하여 파운더리 신도회를 만들게 되었고, 후에는 파운더리 채플(Foundery Chapel)을 세웠다. 이 공장에는 많은 건물들이 있어서 속회를 위한 방들(66개 속회)을 만들었고, 주일학교와 주간학교, 웨슬리의 방, 어머니 수산나의 방, 그리고 설교자들을 위한 방들도 만들었다. 또 약 1500여 명을 수용할 수 있는 집회실도 있었는데, 남녀의 자리가 구분되어 있었다.

이곳이 역사적으로 중요한 것은 런던 지역 최초의 감리교 교회(Methodist Preaching House)이기 때문이다. 런던 지역에서 감리교회가 급성장할 수 있었던 것은, 파운더리 교회가 세워진 무어필드(Moorfields) 지역이 가난한 노동자 계층이 밀집된 런던의 북부 빈민촌으로 웨슬리가 야외 설교를 할 때마다 수천 명씩 모여들었기 때문이다. 복음의 정신을 제대로 꿰뚫고 있던 웨슬리는 브리스톨에서의 첫 설교 주제를 누가복음 4장 18절로 했던 것 같이 이곳에서도 복음은 가난한 이들을 위해 열려 있고 가난한 심령이 천국의 주인공이 된다는 점을 강조해서 설교하는 탁월한 선교 전략을 발휘하였다.

파운더리 신도회는 감리회 운동의 초기 사역에 있어서 감리교의 본부였다. 이곳을 중심으로 웨슬리는 영국의 수도인 런던에서의 감리교회 운동을 본격적으로 펼쳐 나갔다. 이 신도회가 생기게 된 계기는 우연이 아니다.

파운더리 신도회가 생기게 된 중요한 배경은 다음과 같다. 파운더리 신도회가 생기기 전에 이미 런던에는 페터 레인 신도회가 있었다. 조지아 선교 후에 런던에 머물고 있던 웨슬리는 피터 뵐러를 만나면서 이 신도회에 가담하게 되었다. 이 신도회를 통하여 웨슬리는 당시 모라비안들이 주장한 '이신칭의, 이신득의(以信得義, Justification by Faith)'를 통한 구원론과 성령의 증거를 통한 '확신론'에 많은 영향을 받게 되었다. 특히 그가 독일을 방문하고 난 후 독일에서 배운 경건 훈련을 이 신도회에서 실천하면서, 그는 심지어 모라비안 되기를 사모하기까지 했을 정도로 페터 레인 신도회에 정열을 다 하였다.

그러나 독일에서 온 모라비안 목사인 필립 몰터가 가르친 정적주의(Quietism)로 인하여 웨슬리와 모라비안 사이에 갈등이 불거지게 되었다. 정적주의는 정통 모라비안의 사상이 아니었으나 몰터가 모라비안의 목회자였기에 모라비안의 사상처럼 간주되었다. 원래 정적주의는 프랑스에서 유래한 일종의 신비주의인데 이단 사상이었다. 이들이 가르친 가장 핵심적인 내용은 온전한 믿음을 소유하기 전까지는 교회에서 하는 어떠한 은혜의 방편에도 참여할 수 없다는 것이었다. 그래서 온전한 믿음이 없이는 성례, 기도, 찬송, 성경 공부 등 모든 의식에 참석하는 것을 금하였다. 심지어 온전한 믿음을 얻기 전까지는 어떠한 선행도 필요 없다고 가르쳤고, 성화의 중요성도 무시하였다. 온전한 믿음을 얻기까지 오직 예수만 바라보면서 조용히 앉아 기다려야 한다고 가르쳤기 때문에 이들을 '침묵주의자'라고도 불렀다. 웨슬리는 페터 레인 신도회가 이런 신비주의 사상에 영향을 받는 것에 대하여 마음 아파했다. 그래서 두 번이나 이 신비주의에 반대하는 설교를 하였으나, 이미 대다수의 신도회원들은 웨슬리를 떠나 있었다.

비단 신비주의만이 웨슬리에게 갈등을 불러일으키는 것이 아니었다. 웨슬리와 모라비안들이 믿고 있는 신학 사상에도 갈등의 요인이 있었다. 특히 모라비안들은 믿음만 있으면 모든 것이 다 해결된다고 보았다. 즉 한 번 순금이면 영원히 순금이니 더 나은 순금이 된다는 것은 있을 수 없다는 것이었다. 그러나 웨슬리는 믿음으로 중생한 인간은 계속적으로 성화되어 그리스도인의 완전(Christian Perfection)에까지 이르러야 한다고 보았다. 웨슬리와 모라비안의 갈등을 해소하고자 스팡겐버그도, 피터 뷜러도, 심지어는 모라비안의 지도자인 진젠도르프 백작도 웨슬리와 신학적 논쟁을 하며 설득하였으나 신학적 갈등은 해결할 수가 없었다. 웨슬리는 신학적인 견해가 뚜렷했다. 무엇이 옳은지에 대하여 성경을 통한 확신이 있었기에 그는 흔들리지 않았다. 비록 웨슬리는 그의 초기 사역에 있어서 모라비안들이 주었던 선교적 열정, 이신칭의, 성령의 증거 등을 배웠으나 모라비안들의 모든 것을 다 받아들이지 않고 성경 말씀에 근거하여 수용하였다.

결국 페터 레인 신도회에서 나온 웨슬리는 그를 따르는 18명의 회원들과 함께 새로운 신도회를 조직한다. 1740년 4월 페터 레인 신도회에서 가까운 거리에 있는 무기 공장 터인 파운더리(Foundry)에 장소를 마련하고 독립적인 신도회를 만들었다. 그리고 그 해 7월부터 본격적으로 활동을 하면서 웨슬리 자신의 정신과 사상으로 신도회를 이끌어 가기 시작했다.

웨슬리가 페터 레인 신도회에서 나온 것은 감리교회 운동에 있어서 하나님의 놀라운 섭리였다. 만약 그가 페터 레인 신도회에 계속 머물러 있었다면 그는 모라비안의 한 사람으로 남아 있을 수밖에 없었기 때문이다. 따라서 파운더리 신도회의 탄생은 감리교회에 있어서 기념할 만한 사건임에 분명하다. 이 신도회야말로 웨슬리의 순수한 정신과 신학, 훈련을 실천한 최초의 신도회기 때문이다. 누구의 방해도 받지 않고 웨슬리 자신의 뜻을 펼 수 있었던 유일한 곳이 바로 이 파운더리 신도회였다. 작은 불꽃 하나가 온 산을 태우듯이, 이 잉크 방울 하나 같이 작은 파운더리 신도회는 퍼지고 퍼져 영국과 미국을 덮고 나아가 한국에까지 퍼진 귀한 씨앗이 되었다.

5

속회 Class Meeting

웨슬리 속회에 접근하려고 할 때 두 부분을 고려하지 않을 수 없다. 하나는 소그룹(Small Group)을 중심한 '교회 안의 작은 교회'에 대한 것이고, 다른 하나는 큰 공동체인 대집단(Society)에 대한 것으로, 웨슬리는 이 두 집단의 운영을 양 날개로 하여 부흥의 불씨를 지펴 나갔기 때문이다. 순차적으로 소그룹에 대한 부분을 먼저 다룬 후에 공동체로서의 교회에 대한 부분을 후에 다루기로 하겠다.

1. 웨슬리의 소그룹들

먼저 웨슬리의 소그룹에 대하여 간단하게 이해할 필요가 있다.

1742년 웨슬리는 각 지역의 신도회(지역 교회)가 증가하면서 일일이 방문하여 지도할 수 없게 되고 또 각 신도회가 신령한 목적에서 빗나가는 일이 빈번해지자, 신도회 내에서 개인적으로 돌보고 영적인 훈련을 해야 할 필요성을 절감하게 되었다.

감리회 운동은 종교 개혁 운동(Reformation Movement)이 아니고, 영국 성공회 목사인 존 웨슬리가 '교회 안의 작은 교회'로서 영국 성공회 안에서 일으킨 종교 혁신 운동(Renewal Movement)이다. 초기 감리회 운동이 출발할 때는 성도가 적었기에 교회 안의 작은 교회로서의 역할을 충분히 감당했다. 그러나 신도회가 점점 커지고 또 다른 지방에 신도회들이 많이 세워지면서 신도회 안에서 작은 교회의 역할을 감당할 모임이 필요하게 되었다. 특히 소그룹은 신자들의 영성을 지도하는데 있어서 매우 중요한 조직이었기에 웨슬리는 신도회 안에 속회(Class), 반회(Band), 선발 신도회(Select Society), 참회자반(Penitents) 등의 소그룹을 조직하여 신자들의 영성을 지도하고 훈련시켜 나갔다.

소그룹의 목적은 완전한 성화를 이루게 하는데 있었다. 그래서 신앙 생활에 있어서 필요한 의무를 가르치고 실천하도록 훈련하였다. 이 목적은 소수만이 아니라 모든 감리회 신도들의 궁극적인 목적이었기에, 신도회원들은 누구나 소그룹 가운데 하나나 그 이상에 가입하여 성화 훈련을 받아야 했다. 여기서 간단하게 소그룹들의 특성에 대하여 살펴보자.

먼저 '반회'(Band)를 살펴보자. 반회는 5~10명의 멤버로 구성하여 매주 한 번(일반적으로 수요일 저녁) 모여 1시간 반이나 2시간씩 예배를 드렸다. 이 모임은 그리스도인의 완전(Christian Perfection)을 이루기 위해 몸부림치는 성도들이 서로 돕는 것을 목적으로 하였다. 반회의 규칙과 훈련은 중세기 수도원의 훈련을 본떠 만들었고, 질서도 굉장히 엄격했다. 그래서 모든 신도가 활동하지 않고 신도회 신자 중 약 20% 정도만 회원으로 활동하였다. 모임 시간과 출석이 엄격했고, 이 모임에서 있었던 모든 이야기는 철저하게 비밀에 붙여졌다. 왜냐하면 모든 회원이 자신의 영적 상태에 대하여 숨김없이 고백함으로 상호 영적 책임(Accountability)을 가졌기 때문이다. 서로의 완전 성화를 위해 뜨겁게 기도하고 서로 축복하는 기도로 모임을 마쳤다.

'선발 신도회'(Select Society)는 반회보다도 더 엄격하고 선별된 사람을 위한, 제한된 모임이었다. 완전 성화에 가장 가까이 도달한 신도들의 선별된 모임이었던 것이다. 그래서 이 모임의 목적은 그리스도인의 완전이 증명될 수 있도록 하는 것이었다. 회원들은 자신들의 모든 은사를 발휘하여 서로를 더욱 사랑할 뿐만 아니라 어떤 경우에도 숨김없이 자신의 죄를 고백하여 서로를 감독하였다. 이 모임은 매주 월요일에 하였는데, 이들은 자신들이 무엇을 해야 될지 스스로 잘 알았기에 따로 지도자를 세워 인도하지 않았고 특별한 규칙을 세워 훈련하지도 않았다. 그러나 이 모임도 반회처럼 철저한 비밀을 요하였고, 사소한 일에도 목회자에게 순종하는 것이 특징이었다.

'참회반'(Penitents)은 유혹에 빠져 죄를 범하거나 또는 태만에 빠져 믿음의 파선을 당한 자들을 영적으로 훈련시켜 이전보다 훨씬 강한 믿음을 회복하게 하는 것이 목적이었다. 매주일 저녁에 따로 모여 신앙 훈련을 하였는데 이 모임은 필요에 따라 운영되었다.

아쉽게도 반회(Band)나 선발 신도회(Select Band), 참회반 (Penitents)은 웨슬리 사후에 사라지고 말았다. 그러나 이제 살펴볼 속회 (Class)는 지금까지도 남아서 감리교 부흥과 영성을 지도하는데 가장 중요한 역할을 감당하고 있다. 뿐만 아니라 타 교단에서도 이를 응용하여 셀 모임, 구역 모임, 목장 등의 이름으로 운용하고 있다.

이처럼 중요한 속회가 어떤 계기로 만들어지게 된 것일까?

2. 속회의 태동

먼저 속회가 만들어지게 된 첫 과정을 간단하게 살펴보자.

1742년 브리스톨에서부터 출발한 속회는 다른 조직과는 처음부터 다르게 시작되었다. 뉴 룸(New Room)을 건축하면서 진 빚을 해결하고 자 포이 선장(Captain Foy)은 다음과 같은 제안을 한다. 11명의 신도들을 자신에게 맡겨 주면 친히 가정 방문하여 1주일에 1페니씩을 모으겠다고 제안한 것이다. 이를 허락받은 포이 선장은 가정을 방문할 때마다 헌금만 모은 것이 아니라 신도들의 영혼을 위해 기도하고 사랑으로 돌본 내용을 보고하였다. 이를 통해 신도들의 신앙과 삶의 정황을 구체적으로 파악하게 된 웨슬리는 이 조직을 좀 더 체계적으로 조직하여 전 신도회에 적용하였던 것이다.

사실 속회의 태동은 당시 신도회에 있어서 아주 적절한 조직이었다. 왜냐면 신도회 회원들이 점점 많아지면서 웨슬리가 일일이 다 방문할 수 없었고, 또 회원들의 영적 훈련을 적절하게 실시하기도 점점 더 어려웠기 때문이다. 그리고 반회, 선발 신도회, 참회반은 특별한 사람들만을 위한 소수 조직이었기에 보통 사람들을 위한 영적 모임이 절실히 필요하던 때였다. 이런 상황에서 포이 선장의 방법은 웨슬리에게 영감을 주는 계기가 되었고, 웨슬리는 반회와는 다르게 모든 회원이 다 소속되는 속회를 만들게 되었다.

우선 웨슬리 속회를 정확히 이해하는 것이 필요하다. 초기 속회는 한 영혼의 구체적인 성장을 목표로 한 것이 분명하다. 웨슬리의 관심은 영혼의 구원에 대한 것이며 그들의 신앙을 잘 지도하여 성화를 이루게 하는 것이었다. 웨슬리는 총칙에서 속회 제도의 근본 목적을 '신도회에 속한 사람들이 진정으로 저들의 구원을 이루어 나가는지 보다 쉽게 식별하기 위함' 이라고 쓰고 있다.[13]

그런데 기존 영국 교회의 종교 신도회(the Religious Society) 구조로는 개인의 신앙을 책임 있게 지도하는 것이 역부족임을 느끼고 있었다. 이러한 사실을 증명하는 내용을 첫 번 연회 회의록을 보면 알 수 있는데, '목사의 직무가 무엇입니까? 하나님께서 그에게 위탁한 영혼을 돌보는 것이니 이를 마땅히 책임져야 합니다.' 라고 기록하고 있다. 웨슬리는 '목사에 대한 순종' 에 대한 설교에서 목사들의 임무에 대하여 다음과 같이 말하고 있다.

"목사들은 양 무리에 앞서가며(이것은 오늘날까지 동양 목자들의 습관입

---

13) *Works*, VIII, p. 271.

니다.) 모든 진리와 성결의 길로 그들을 인도해야 할 것입니다. 그들은 '영원한 생명의 말씀으로 그들을 양육하며', '순전한 말씀의 젖'으로 그들을 먹여야 합니다. 끊임없이 말씀을 '교리'에 적용해야 합니다. 즉, 그들에게 그 안에 감추어진 모든 본질적인 교리들을 가르쳐야 합니다. '책망을 위하여' 말씀을 적용해야 합니다. 즉 그들이 다른 길에서 벗어나 좌로나 우로나 치우쳤다면, 그들을 경고해야 합니다. '바르게 하는데' 말씀을 적용해야 합니다. 즉 그들에게 어떻게 그릇된 것을 수정할 수 있을지를 보여 주어야 하며, 평화의 길로 되돌아오도록 지도해야 합니다. '의로 교육하기 위하여' 말씀을 적용해야 합니다. 즉 '그들이 완전한 인간이 되어 그리스도의 장성한 분량이 충만한 데까지 이르러' 외적인 성결을 취할 때까지 그들을 훈련해야 합니다."[14]

이 말이 주는 의미는 감리교 목회자는 신도 한 명 한 명을 갓 태어난 아기처럼 세심히 돌보고 양육하며 성장하도록 책임을 지는 목회를 해야 한다는 것이다. 즉, 한 영혼에 대하여 영적 상호 책임(Accountability)을 지면서 성화로 이끌어 나가는 돌봄 목회의 개념이다.

3. 새로운 속회 운동의 본질적인 접근

지금도 속회 세미나를 가거나 속회에 대하여 대화를 나누다 보면 속회를 구시대적인 유물 정도로 취급하면서 "이제 속회를 가지고는 안

---

14) 'On Obedience to Pastors', *Sermons*, I, pp. 4-5.

되고 무엇인가 대안이 필요하다."는 말들을 한다. "그럼 그 대안이 무엇인가?" 하고 물으면 셀이나 목장그룹, 알파코스, G12 등 다양한 프로그램을 말한다. 과연 그 대안들이 완벽한가? 그럼 그대로 진행한다면 모든 교회가 다 성장하고 발전한단 말인가? 그러나 그 대답에 있어서는 자신하는 이가 거의 없다.

시대적 흐름과 변화에 맞춰 어떤 것을 새롭게 적용하는 것은 좋은 일이다. 그러나 우리가 잊지 말아야 하는 것이 있다. 그것은 바로 본질에 대한 문제다. 기독교 2천 년 역사 속에서 시대마다 유행처럼 일어났던 많은 종교적 운동이나 신앙 조직들이 왜 사라졌는가? 이는 새로운 전략이나 방법들이 본질이나 원리보다는 상황과 문화적인 현상에 대한 감성적인 접근으로 만들어진 운동이나 조직들이었기에 오래가지 못했던 것이다. 사람을 돌보고 세우는 것이 목적이지만 사람도 바뀐다. 문화도 사람에 의해서 만들어지는 것이기 때문에 끊임없이 변화의 과정을 반복하면서 발전해 간다. 만일 변화에 대한 대안으로 급하게 마련한 프로그램만을 반복한다면, 그 순간 몇 번은 반짝할는지 모르지만 지속적인 성장과 건강한 목회를 유지해 가기는 어려울 것이다.

이솝 우화에 이런 이야기가 있다. 새들이 왕을 뽑기로 하고 가장 아름다운 깃털을 가진 새를 왕으로 모시기로 한다. 저마다 뽐내고 자랑하는데 까마귀는 아무리 봐도 가망이 없자 아름다운 깃털을 가진 새들의 깃털만을 모아 자기 몸에 붙였다. 그러자 새들마다 세상에서 처음 보는 새가 나타났다고 부러워하며, 어디서 왔는지 당신 같은 새는 세상에 하나뿐일 거라며 당신이 우리의 왕이 되어야 한다고 한목소리로 말했다.

그러자 까마귀는 너무 기분이 좋아진 나머지 자신의 존재를 망각하고 까마귀 특유의 목소리로 대답하고 만다. 새들은 목소리를 듣자마자 까마귀의 정체를 알아챘고, 발각된 까마귀는 실컷 얻어터지고서 쫓겨났다는 이야기다. 우리는 이 우화를 통해 아무리 겉을 화려하게 치장해도 본질은 속일 수가 없다는 진실을 배우게 된다.

오늘날 많은 소그룹들이 있다. 각기 자신의 것이 유일하고 새로운 방법이라며 혁명처럼 말하지만, 사실은 가만히 보면 원리나 본질은 웨슬리의 소그룹과 다르지 않다는 것을 쉽게 발견하게 된다. 웨슬리의 속회는 그 뿌리를 성경과 초대교회 공동체 그리고 경건주의 전통과 신학적인 바탕에 두고 있다. 시대와 상황, 그리고 문화적 차이에 따라 이름이나 방법은 바꿀 수 있다.

그리고 많은 이들이 잘못 이해하고 있는 것 중에 하나는 웨슬리의 속회를 외형적인 부흥에 초점을 맞추어 응용하려는 것이다. 그러나 웨슬리의 속회는 오늘날 미국 교회에서 하는 교회 성장학과는 다르다. 웨슬리의 속회는 교회 외적 성장에 초점을 맞춘 것이 아니라 성숙과 양육에 초점이 맞추어져 있다. 웨슬리의 속회로는 더 이상 교회 성장이 안된다며 쉽게 포기해 버리는 경우가 있는데, 이것은 속회를 근본적으로 잘못 이해하고 적용한 것이다.

웨슬리의 속회를 들여다보면 전체적인 큰 틀은 양육과 훈련에 초점이 맞추어져 있다. 그래서 웨슬리는 속회원들이 해이하거나 불충실하여 세 번 이상 무단결석하면 제명하였고, 그들은 다시 참회자반에 들어가 일정 기간 훈련을 받고 다시 서약한 후에야 속회에 들어갈 수 있었다. 속회에 충실한 출석자들에게는 3개월마다 회원표(Ticket)를 주었고 이는 충실한 메도디스트의 표가 되었다. 이 출석표는 3개월마다 회원 자격을 조사하는 수단이 되었고, 또 3개월마다 열리는 애찬회에 들어갈 수 있는 자격증 역할을 하였다. 새 회원에게는 3개월의 수련 기간을 거쳐야만 첫 번째 표가 주어졌는데, 수련 기간 동안 지켜야 하는 규칙은 첫째 모든 악을 피하고, 둘째 모든 선을 행하고, 셋째 모든 은혜의 방편을 실행하는 것이었다. 만일 이러한 규칙을 지키지 않거나 소홀히 한 자에게는 표가 주어지지 않았다. 표가 없는 이들은 속회에 참여할 수 없었고 메도디스트 회원 자격도 얻을 수 없었다. 이렇게 엄격하게 훈련시키고 철저하게 생활을 조사한 것은 그 동안 여러 신도회를 거치면서 경험했던 것들을 적용한 것으로, 당시 사회적으로 타락하고 낮은 수준의 삶을 살았던 신도들을 구체적으로 성장시키고 성화를 이루게 하고자 함이었다.

실제로 웨슬리는 1748년 브리스톨 신도회원을 900명에서 720명으로 줄인 적이 있다. 특별히 이웃에게 악한 행위로 해를 끼친 신도들을 엄격히 징계하고 추방하였다. 진정한 훈련과 양육을 위한 조치였다. 그런데 놀라운 것은 웨슬리가 이렇게 엄격하게 징계하고 정리한 후 오히려 폭발적인 부흥이 일어났다는 사실이다. 그렇다. 웨슬리의 속회는 엄격한 영적 훈련과 양육으로 신도들을 올바르게 성숙시켰고, 이로 인하여 교회는 더 성숙해졌으며, 성숙해진 무리들이 전도하여 교회는 갈수록 성장하게 되었던 것이다. 이것은 유기체적인 공동체가 가지고 있는 생명력 때문이다.

속회에서의 엄격한 훈련은 매우 중요하다. 생명의 속성은 편안함 속에서는 성장하지 못한다. 오히려 병들거나 변질된다. 예를 들어 생태계의 적응 능력을 보여 주는 이야기가 있다. 양들을 잡아먹는 늑대들 때문에 고민하던 목장 주인이 사냥꾼들을 동원하여 늑대들을 모두 제거하고 안심하였는데 의외로 병들어 죽어 나가는 양들이 더 많아지는 것이었다. 이유를 알 수 없었던 주인이 전문가의 도움을 받아 연구해 보니, 외부의 위험이 없어져 평화롭게 되자 양들의 긴장이 풀어짐으로써 저항력이 떨어져 질병에 걸렸다는 것이었다.

우리에게는 대부분 외적인 위험 요소에 대해 재빨리 대응하는 능력이 있다. 그러나 내적인 위험 요소는 소홀히 함으로써 위기를 당하는 경우가 많다. 오늘날 한국 교회의 속회에서 실수하는 것 가운데 하나가 돌봄만 있고 징계는 소홀히 한다는 점이다. 돌봄의 차원에서 오해하기 쉬운 것이, 징계의 요인을 소홀히 하는 것이다. 사랑의 종교인 기독교가 사랑을 줘야지 징계하면 되겠느냐 혹은 사랑이 없는 목사라는 소리에 마음이 약해져서 제대로 돌보지 못하는 것이다. 이스라엘 목자들은 말썽 부리는 양이 있을 경우 다리를 부러뜨린 후 치료를 해 주면서 사랑으로 돌본다고 한다. 그러면 말썽 부리던 양이 시간이 지나면서 주인을 잘 따르게 되고 나중에는 순종하는 양이 된다는 것이다. 웨슬리가 징계를 통하여 속회의 수준을 올리고 성장시킨 것은 생명의 패러다임을 잘 파악한 것이라고 생각한다.

4. 속장의 역할

속회에 있어서 가장 중요한 것은 속장의 역할이다. 속회를 교회 안의 작은 교회라고 할 때, 속장은 목사의 파트너다. 그러므로 속장의 리더십은 속회의 성패를 결정하는 요소가 된다. 웨슬리가 속장의 역할을 어떻게 생각했는지에 대하여 기록한 것을 보면 이러하다. "내가 믿을 수 있는 사람들을 속장으로 세워 돌보게 하는 방법 밖에는 더 좋은 수가 없다. 이 제도가 말할 수 없이 유익하다는 것은 그 이후로 시간이 갈수록 더욱 명백해졌다."

그렇다면 구체적으로 속장이 어떤 역할을 했는지 살펴보도록 하자.

속장의 직무는 첫째, 자기 속회에 있는 각 사람을 최소한 주 1회씩 돌아보아 저들의 영혼이 어떻게 자라고 있는지 조사하고 경우에 따라 충고, 책망, 위로, 권면하고 가난한 자들을 구제하려고 내어 놓은 것을 거두는 일이다.

요즈음 이만희의 신천지가 기승을 부리면서 기존 교회들이 많은 타격을 받고 있다. 암세포 같이 언제 들어왔는지 알 수 없는 세력들이 뿌리를 내려서 어느 날 수많은 교인들이 떨어져 나가고, 작은 교회들은 소위 '산 옮기기 작전'에 걸려 교회 자체가 없어지는 안타까운 일들이 벌어지고 있다. 필자도 경험한 바가 있기 때문에 아는데, 무료 성경학원에서 공부한 이들은 아무리 말리고 권고해도 설득되지 않는다. 성경에 있는 대로 가라지는 생명력이 얼마나 강한지 모른다. 문제가 되는 것은 이들이 불신자를 전도하는 것이 아니라 기존 교인들을 공격한다는 것이다. 그렇다고 이단에 물들어 있는 이들이 다른 교인들을 유혹하여 계속 끌고 들어가는 상황을 보고만 있을 수 없는 현실이다. 이들의 전략은 너무나 교묘하여 쉽게 눈에 띄지 않는다. 교회 안에는 불만 세력들이 있을 수 있고, 자기 나름대로 똑똑하다고 생각하는 교인들이 있으며, 말씀에 갈급한 교인들도 있다. 이단들의 접근은 바로 이들이 타깃(Target)이다. 전도되어 간 첫째 전사가 열심히 충성하여 전도단에 들어간 후 자기 동료들을 전도하여 끌어들인다. 이들은 교회 각 부서에서 충성스런 일꾼이 되어 담임목사에게 인정을 받은 뒤 세력을 확장해 나가면서 영향력을 행사하기 시작한다. 교회 성장에 눈이 어두워진 담임목사는 분별력을 잃어버려서 이들을 가려내기가 불가능하다.

지금은 신천지의 전략들이 많이 노출되어 알고 있는 내용들이 많지만, 한 가지 궁금하게 생각하지 않을 수 없는 것은 블랙홀 같은 그 흡인력이다. 무엇이 그렇게 흡인력을 발휘하는 것일까? 정상적인 분별력으로 볼 때 잘못된 것이 눈에 보이는 데도 불구하고 수많은 성도들이 끌려가는 것을 보면, 우리의 조직이나 신앙 훈련에 분명 문제점이 있는 것이다. 전술한대로 이들의 핵심은 성경에 대한 해석이다. 자신들은 가장 성경적이며 과학적이고 합리적으로 해석한다는 것이며, 또한 단어를 알레고리(Allegory)적으로 해석한다는 것이다.

웨슬리 당시에도 수많은 이단 세력들과 신비주의자들이 있었다. 그럴 때마다 웨슬리는 몇 번이라도 가서 듣고 분별하여 교인들에게 경고했고, 이것은 나중에 속장 훈련에 중요한 방법이 되었다. 즉 속장은 경찰과 같은 역할을 해야 한다는 것이다. 목자는 양들이 저녁에 들어오고 아침에 나갈 때마다 유심히 살핀다. 아픈 곳은 없는지 혹은 안 보이는지, 항상 관심을 가지고 살피면 금방 알 수 있다. 목자의 시야에서 벗어난 양이 있어서는 안 되는 것이다. 그런 점에서 이단에 대처할 수 있는 가장 강력한 조직도 속회만한 것이 없다. 속장들은 작은 목자로서 언제나 돌보고 살펴서 그 내용을 자세히 담임목사에게 보고해야 하기 때문에 교인들의 영적 생활이나 상황을 금방 알 수 있다. 그런데 대부분의 교회에서는 속장들의 영적 생활에 대한 보고를 중요하게 생각하지 않고 주보용 보고만 받고 있다. 이것으로는 속회 관리도 되지 않지만, 이단들이 공격할 때 상황을 파악할 수 있는 자료로도 전혀 사용할 수 없다.

둘째, 주 1회씩 신도회의 목사와 유사를 만나 목사에게는 병자, 무질서하게 행하는 자, 책망을 듣지 않는 자에 대하여 보고하고, 유사에게는 속회에서 거둔 것을 전달하는 것이다.

이처럼 속장은 속회원들을 돌보는 '영혼의 감독자', '영혼의 목자'의 역할을 담당하는 평신도 목회자였다. 그러나 속회원들의 가정을 일일이 방문하여 돌보고 모금하는 일이 너무나 과중한 짐이 되고, 한 회원의 가족 중에 불신자가 있을 경우 그 집에서 모이거나 속장의 임무를 수행하는 것이 쉽지 않았다. 또한 속회원 사이에 오해나 다툼이 있을 경우 함께 대면하여 문제를 풀어야 하는 상황이 요구되었다. 그래서 일일이 방문하는 방법에서 한 곳에 모이는 방식으로 바뀌게 되었다. 그런데 이 방법이 의외로 놀라운 결과를 만들어 냈다. 성서가 말하는 '그리스도인의 친교'와 서로의 짐을 나누어 지고 서로 돌보는 '돌봄의 공동체', '교제의 공동체', 삶을 함께 나누는 '사랑의 공동체'로 나타난 것이다. 이것이 바로 웨슬리가 늘 강조한 영적 상호 책임 의식(Accountability)이다.

후기 단계의 속회는 속장은 물론 속회원 전체가 공동으로 죄를 고백하고 공동체 전체를 책임지는 상호 책임제로 발전하였다. 왓슨은 이러한 상호 책임 의식을 웨슬리 속회의 중심으로 보았고, 상호 책임 의식의 상실은 곧 감리교회 속회의 쇠퇴를 초래했다고 보았다.

오늘날 한국 교회 대부분의 속회에서는 이러한 상호 책임 의식은 아직 실행할 수 없는 것으로 생각하고 있다. 때문에 속회는 성령의 역사로 하나 되는 공동체가 되지 못하고 관리 속회로 전락하였으며, 속장의 리더십도 목자의 의식이 아니라 단순한 관리자 역할 이상을 할 수 없게 되어 재미없는 속회로 인식되고 있다.

5. 친교로서의 속회

프랭크 베이커가 말한 대로 감리교회의 가장 특징적인 성격은 '마음 뜨거운 사랑의 교제'(Warm-Hearted Fellowship)였고 이것은 속회 안에서 충만하게 경험되었다. 감리교인들은 속회를 통해서 회심을 체험했고 신앙의 부흥을 경험했다. 속회는 20세기 초까지 영국과 미국에서 교회를 갱신하고 사회와 민족을 개혁시키는 위대한 영향력을 끼쳤으며, 감리교인들의 영성 생활을 지속하고 발전시키는 핵심 조직이 되었다.

'마음 뜨거운 사랑의 교제'란 무엇을 의미하는 것인가? 그것은 삶을 나누고 고백하고 서로 돌보는 공동체로, 초대교회의 모습을 말한다. 성령의 역사는 마음을 열고 함께하며 기도하는 곳에 역사한다. 예를 들어 1907년 평양을 중심으로 일어났던 대부흥 운동은, 1903년 원산에서 사역하던 감리교 하디(Hardy) 선교사의 회개에서부터 시작되었다. 어느 날 묵상하며 기도하던 하디 선교사는 3년이나 전력을 다하여 복음을 전하였으나 사역에 아무런 열매가 없음을 깨닫게 되었다. 그 원인이 조선인을 무시했던 자신의 우월함과 교만에 있음을 깨닫게 된 하디 선교사는 회중 앞에 그 사실을 고백하며 회개하였고, 그러자 마음과 마음이 열리는 성령의 역사가 화산처럼 일어나게 되었다. 하디는 평양뿐 아니라 7년 동안 전국을 다니며 부흥의 불을 지펴 나갔고, 이러한 결과로 한국에 부흥의 폭발이 일어나게 됐던 것이다.

어느 시대, 어느 역사도 부흥이 갑자기 일어나는 경우는 없다. 개인의 신앙도 마찬가지다. 어느 날 갑자기가 아니라 준비하고 무르익어 때가 차면 은혜의 해가 열리는 것이다. 은혜의 영적인 법칙은 시대가 변한다고 달라지는 것이 아니다. 수천 년 동안 미라와 함께 묻혀 있는 씨앗은 여전히 싹을 틔우지 못하는 것과 같이, 마음 뜨거운 사랑의 교제가 이루어지지 않는다면 형태만 갖춘 교회일 뿐 자신과 시대를 변화시키는 역사는 일으키지 못할 것이다.

대부분 관리 속회로 전락하여 속회를 옛 유물로 여기는 교회들은 나름대로 타당한 이유를 가지고 있다. 요즘 시대에 마음을 열어 자기 고백을 하게 하는 것은 불가능하고 부작용이 많다는 것이다. 우리가 기억해야 할 부분이 바로 이것이다. 생명에는 껍질이 깨어지는 아픔이 있어야 한다. 이것이 생명의 법칙이라면 왜 도전하지 않는가?

속장은 속회원들의 마음을 열려고 할 때 '마중물의 원리'를 적용해야 한다. 마중물이란 옛날 펌프질을 통하여 물을 길어 올릴 때 사용하던 방법으로, 땅 속 깊은 곳에 있는 물을 길어 올리기 위해 펌프에 붓는 한 바가지의 물을 말한다. 이 물을 붓고 펌핑을 하면 펌프가 무거워지면서 물을 품어 올릴 수 있게 되었던 것이다.

필자가 속장과 부속장을 훈련시킬 때 바로 이 마중물의 원리를 이용하여 속회원들의 마음을 열도록 지도한다. 속장이 먼저 고백하고 부속장이 그것을 받아서 고백하면 지켜보던 속회원들이 마음을 열고 자기들도 고백하기 시작한다. 즉, 속장과 부속장이 마중물이 되어 먼저 고백을 하면 다른 회원들도 마음을 열기 시작하여 마음 뜨거운 교제가 실현되고 은혜로운 속회가 되며 성령이 역사하여 하나 되는 역사가 일어나며 상한 심령들이 치유되는 축복이 임한다.

웨슬리 목사님 사후 속회가 쇠퇴하기 시작한 이유는, 속장들을 훈련시키는 일에 실패하고 개인주의와 편리주의 때문에 마음 뜨거운 교제가 사라진 것에 있다. 우선 우리가 회복해야 할 것은 속회에 대한 바른 이해다. 웨슬리가 추구했던 메도디스트는 조직과 교육을 잘 했던 영국 교회에서 생명을 회복하고 복음의 본질을 회복하고자 한 개혁 운동이었다. 따라서 우리의 속회를 살아나게 하려면 단순히 예배를 드리고 보고나 하는 차원이 아니라 돌봄과 교제, 나눔과 진솔한 죄의 고백, 영적 상호 책임 의식을 회복하는 공동체로 전환해야 한다. 성도들의 생활 신앙 훈련이 안 되고 성도와 성도, 성도와 주님 사이에 친밀한 교제 즉 마음 뜨거운 교제가 일어나지 않고서는 생명의 역사가 일어날 수 없는 것이다.

남녀가 결혼하여 아이를 잉태하려면 37도의 뜨거움이 있어야 한다. 죽은 사람은 아이를 가질 수 없는 것과 같다. '마음 뜨거운 사랑의 교제', 이것은 지금도 가능하며 이것이야말로 속회의 생명이라 할 수 있다. 다음으로 생각할 '사랑의 교제'는 추상적으로 생각하지 말아야 한다. 속장이 되어 속회원들을 돌본다고 할 때, 필자가 지금까지 120여 차례의 속회 세미나를 통하여 점검한 바에 의하면 준비된 속장은 별로 없다는 사실이다.

'사랑의 교제'는 하나님이 우리를 사랑하신 방법이 모델이다. 하나님의 사랑은, 첫째 관심(Concern)에서 시작한다. 진정한 관심이란 무엇인가? 살펴보고 주시하는 것이다. 속장이 속회원들에게 관심을 갖고 있다면, 그들의 고민과 기도 제목은 무엇이고 영적인 성장의 수준은 어디까지 도달했는지 파악하고 있어야 한다. 또 생일이나 기념일, 가정사의 문제들 그리고 은사와 꿈이 무엇인지도 알고 있어야 한다. 이것이 관심이다. 그러나 실제로 이런 내용을 알고 있는 속장은 거의 없었다. 하나님의 관심은 우리 마음속 깊은 곳까지 살펴보시고 우리를 전인적으로 이해하신다. 사랑하는 연인들은 좋아하는 향수나 몸매 사이즈까지 알고 있다. 이렇듯 속장은 속회원들의 작고 깊은 것에도 관심을 갖고 기억하며 돌봐주어야 한다.

둘째, 관심을 가져야 하는 이유는 속회원들의 필요를 바로 알기 위해서다. 저 사람에게 진정으로 필요한 것이 무엇인지? 무엇을 원하고 있는지? 관심을 가지고 들여다보면 보이게 마련이다. 하나님은 우리들의 필요를 채워 주시는 분이다. 이러한 원칙은 속회나 목회에서도 변할 수 없는 것이다. 그러나 우리가 원한다고 원하는 것이 저절로 채워지는 것이 아니다. 그런 의미에서 하나님은 우리의 목자시고, 이러한 사실을 잘 알고 있던 다윗은 "여호와는 나의 목자시니 내게 부족함이 없도다."라고 고백했던 것이다. 속회가 잘 안 되는 이유도 이러한 구조를 모르는 속장들이 목자로서 속회원들을 이끌어 가는 것이 아니라 당장 좋은 대로만 하다가 방향을 잃어버리기 때문이다. 목사가 성도들이 좋아한다고 비위나 맞추는 목회를 한다면 그것은 목회일 수 없는 것과 같은 것이다. 하나님은 우리의 기도에 언제나 응답하시지 않는다. 그 이유는 정욕으로 쓰려고 구하기 때문이라고 하신다. 하지만 하나님의 뜻대로 구하면 반드시 우리의 필요를 위해 가장 좋은 것으로 채워 주신다.

셋째, 필요를 채워 주면 마음이 열린다. 마음이 열린다는 것은 마음 뜨거운 교제의 문이 열림을 의미한다. 외국인들이 우리 나라에 와서 가장 이해하기 어려운 단어가 '기분'이라고 한다. 무슨 일을 하던지 어느 때든지 기분이 좋으면 안 되는 것이 없고 기분이 나쁘면 되는 것이 없기 때문이다. 기분은 마음이 열릴 때 상승되고, 걸리는 것이 없어진다. 속회에서 서로 간에 죄의 고백이 안 되는 이유는 여기까지 나아가지 않고 억지로 열어 보려고 하기 때문이다. 사람의 마음의 문은 문고리가 없다. 자신이 열어야 한다. 예수님도 우리의 마음 문이 열릴 때까지 기다리신다. 하물며 우리들이 마음 뜨거운 사랑의 교제를 하고자 할 때 이런 원리를 무시한 채 강제로 교제를 시도하려 한다면, 열쇠를 사용하지 않고 억지로 문을 열려고 힘쓰는 것과 같을 것이다.

이솝 우화 중에 적절한 이야기가 있다. 바람과 태양이 내기를 한다. 길 가는 나그네의 겉옷을 누가 벗길 수 있는가? 바람이 먼저 장담하며 강력한 겨울 바람을 불어대니, 나그네는 휘청거리면서도 겉옷을 더 꽉

감싸 쥔다. 이어 태양이 웃으며 바람 한 점 없는 한 여름의 뜨거움으로 비추니, 나그네는 날씨가 변덕도 심하다며 겉옷을 훌렁 벗어던진다.

사랑의 교제는 비판이나 조직으로 할 수 있는 것이 아니다. 관심을 가지고 필요를 채워 주면 마음이 열리고, 결국 마음 뜨거운 교제가 가능하게 되는 것이다.

6. 속회와 영적 기도

속회에서 영적 기도는 무척 중요한 요소다. 기도를 통해 영적인 깊은 교제와 신뢰를 쌓아갈 수 있기 때문이다. 웨슬리는 기도의 중요성에 대하여 이렇게 말했다.

"공중 기도에 끊임없이 개인적인 은혜의 수단을, 특히 기도와 성서 읽기를 더 하십시오. 당신들 중에 대다수가 이것이 대단히 부족합니다. 그런데 이것 없이 당신들은 은혜 안에서 결코 성장할 수가 없습니다. 영혼이 개인적인 기도 없이 성장하기를 바라느니 차라리 어린아이가 음식 없이 성장하기를 바라는 것이 나을 것입니다."[15]

그래서 웨슬리는 속장에게 찬송과 기도로 시작하고 속장이 먼저 지난 한 주간 동안 생활 속에 일어난 모든 경험을 속회원들에게 이야기한 후 다음과 같은 내용을 고백하게 하였다. "나의 사랑하는 형제들이여,

---

15) 'To the Societies at Bristol', *Letters*, IV, p. 272.

결국 나는 여전히 그리스도 예수 안에서 나를 부르시는 하나님의 고상한 소명의 목표를 위하여 앞으로 나아가고자 하는 결심을 나의 영혼 가운데서 발견하게 됩니다."

그 다음 속장은 속회원들에게 차례로 각자의 영혼 상태에 관해서 묻는다. "자, 이제 형제여 오늘 저녁 당신의 영혼 상태는 어떠한가?" 그러면 속회원은 마음속에 있는 것을 속장에게 털어놓기 시작한다. 지난 한 주간 동안 경험한 것들을 간증 형태로 고백하면, 속장은 각 사람의 영적 상태에 따라 충고나 권면 혹은 고쳐 주는 이야기를 나누고 위로한다. 이렇게 하여 모든 속회원이 자기의 형편을 다 고백하면 속장과 속회원들은 다 같이 찬송을 부르고 일어서서 즉흥 기도를 했는데 누구든지 자유로이 성령이 인도하는 대로 나서서 기도하였다. 모두 동시에 목소리를 내는 기도보다는 모든 회원이 자유로이 한 사람씩 나서서 기도했다. 기도할 때는 찬양의 말, 감사, 탄원, 간구가 쏟아져 나왔다. 누구든지 자신의 영혼에 성령이 감화하는 대로 자유로운 표현으로 기도할 수 있었다.

웨슬리 감리교회의 특징을 말할 때 우리는 즉흥 기도를 말한다. 그 이유는 당시 영국 국교회에서 이런 형태의 기도는 상상할 수 없는 일이었고, 오직 규범적이고 성문화된 기도문만을 읽어야 했기 때문이다. 웨슬리도 회심 전에는 그런 규칙에 따라 기도했지만, 성령 체험 후에 성령의 역사하심에 대한 순종으로 개혁한 것이다. 그러나 오늘날 영국 교회는 이런 전통을 살리지 않았다.

얼마 전 영국에 있는 아들한테서 이런 질문을 받았다. 영국 교회에서는 한국 교인들이 대표 기도할 때에 중간에 "아멘!" 하고 응답하는 것이나, 또는 "주여!" 하면서 간절함을 표현하는 것에 대하여 이해하지 못하고 부정적으로 본다는 것이다. 중간에 "아멘!"이나 "주여!" 하면 다음 기도를 듣지 못하고, 마음속으로 하면 되는데 굳이 왜 그렇게 하느냐는 것이었다. 웨슬리같이 지성적이고 합리적인 사람이 그것을 몰라서 즉흥 기도나 중간에 찬양과 감사 혹은 탄원을 하였을까? 아니다. 웨슬리는 인간의 이성이나 합리성보다는 성령의 역사하심을 우선하였고, 그것이 살아 있는 예배요, '마음 뜨거운 사랑의 교제'를 가능하게 한다는 사실을 알았기 때문이다.

우리가 어릴 적에는 속회나 교회에서 "누구든지 성령이 감동하시는 대로 기도해 주시기 바랍니다."라는 말을 많이 들었다. 그러나 요즈음에는 그렇게 예배를 진행하는 교회나 속회를 시골 교회에서나 찾아볼 수 있다. 그런데 몇 년 전 미국 몽고메리감리교회에 집회를 인도하러 갔을 때 특이한 경험을 했다. 새벽에 모이는 초교파 성경 공부 모임으로 의사, 변호사, 사업가 등 그 지역의 하이클레스로 구성된 모임에 참여하게 되었다. 성경 공부를 마친 후 기도회가 시작되었다. 그런데 바로 웨슬리 속회에서 하는 것과 똑같이 하는 것이었다. 얼마나 뜨겁게 그리고 찬양과 감탄과 탄식 등을 섞어 가며 하는지 한국 교회에서 하는 것보다 더 했다. 그래서인지는 몰라도 그곳은 '바이블 벨트'(Bible Belt)가 형성되어 지금도 부흥하고 있고 계속 교회가 성장하고 있다고 했다.

우리는 너무나 세련되고 아름다운 것을 좋아한다. 그러는 사이 성령의 역사는 우리 사역에서 사라지고 변화를 경험하는 그리스도인들은 점점 줄어들고 있다. 미국의 경우, 전체 그리스도인들 가운데 변화를 체험하는 이들이 10%에 불과하다는 통계가 있다. 이것은 바로 왜 오늘날 교회가 힘을 잃었는지에 대한 이유일 것이다. 그러나 오순절 계통의 교회나 성령의 역사를 제한하지 않는 교회들은 여전히 부흥하고 있다. 이런 부흥의 해답은 무엇인가? 곧 성령에 의지하는 영적 기도가 원동력이다. 영적 기도는 웨슬리의 속회에서도 가장 중요하게 여긴 것 중에 하나였다. 그래서 속회가 날로 성장할 수 있었던 것이다. 비단 웨슬리의 때만이 아니다. 초창기 미국 감리교회도, 한국의 초기 감리교회도 바로 이런 영적 기도가 있었기 때문에 폭발적으로 성장할 수 있었다. 우리는 다시금 우리의 속회 안에 영적 기도가 회복되도록 해야 한다. 그래야 속회가 살고 개체 교회가 살아나, 한국 교회가 다시 부흥할 수 있다.

7. 속회와 성화

속회는 단순히 모인 조직이 아니라 목표가 있는 모임이다. 그것은 완전을 이루어 나가자는 성화 지향적인 목표다. 웨슬리는 연회록에서 말하길, "우리는 의롭다 하심을 얻은 그 순간부터 점진적인 성화, 은혜 안에서의 성장, 하나님의 지식과 사랑 안에서 날마다의 전진이 있게 된다."[16]고 하였다.

그래서 웨슬리 신학의 중심은 성화론(Sanctification Theory)이었고, 성화에 대한 웨슬리의 관심은 1725년 자신의 일생을 헌신하고자 결

---

16) 'Minutes of Several Conversations', *Works*, VIII, p. 329.

심했을 때부터 시작되어 1738년 올더스케잇 체험(Aldersgate Experience) 이후 구체화되었다.

웨슬리의 성화론은 사람의 죄와 행위에 대한 심각한 통찰에서부터 출발한다. 특히 성화된 그리스도인이라는 신앙 생활의 목표를 '교회 안의 작은 교회'(Ecclesiolae in Ecclesia)인 속회를 통하여 성취하려는 의도를 가지고, 속회를 성화를 위한 방편으로 이용하였다.

웨슬리가 속회를 통하여 성화를 추구하는 목표는 세 가지였다. 첫째는 '개인의 내면적 성화 훈련'으로 기도와 금식, 성경 읽기 등이었고, 둘째는 '공동체적인 성화 훈련'으로 서로 영적 책임을 지는 교제를 통하여 권면하고 격려하고 충고하는 영적 상호 책임 의식(Accountability) 공동체 형성이었다. 셋째는 '선행 실천 훈련'이었다. 이렇게 웨슬리의 성화 운동은 개인의 성화에서 사회적 성화로 전이되는 훈련이었다.

웨슬리에게 있어서 회개가 종교의 현관이고 칭의가 종교의 문이라면, 성화는 종교 그 자체였다. 그러므로 성화는 웨슬리 신학의 핵심이다. 웨슬리에게 있어서 성화의 의미는 죄악으로부터의 성화다. 성화의 히브리어 '카도쉬'와 헬라어 '하기오스'는 모두 세상으로부터 구별되어 거룩하게 되는 것을 의미한다. 이런 점에서 성화는 죄악과 끊임없이 싸우는 그리스도인의 삶의 전체 과정이다.

인간 행위의 죄가 그리스도의 피로써 의롭다 하심을 받는 순간, 용서의 은혜를 받게 되고 내적 죄는 성령의 역사로 성화된다. '내적 죄는 죄의 뿌리 혹은 원죄'라고 이해한 웨슬리는 비록 행위의 죄들을 용서받았다고 할지라도 칭의의 순간에 내적 죄악은 여전히 성도들에게 남아 있다고 보았다. 그러나 그 죄가 더 이상 성도들을 지배하거나 조종하지 못한다. 하지만 그리스도인의 완전에 이르는 성화를 이룰 때까지 내적 죄악과 싸우고 갈등을 겪으면서 계속 회개해야 한다. 그리스도인의 완전은 모든 죄악으로부터의 구원을 의미한다. 그러나 완전의 은총을 경험한 성도라 할지라도 계속해서 그리스도의 속죄의 은총을 필요로 한다. 왜냐하면 완전한 성도도 의식적인 죄는 범하지 않지만 무의식적인 죄는 범할 가능성이 있기 때문이다.

웨슬리에 따르면 칭의도, 성화도 다 하나님이 하시는 믿음을 통한 은총이다. 그래서 웨슬리는 이렇게 말한다. "우리가 믿음으로 의롭다 하심을 받는 것과 꼭 마찬가지로 우리는 믿음으로 말미암아 성결함을 받습니다. 그러므로 믿음이 성결의 조건(Condition)입니다. 칭의에도 그랬듯이 성결에 있어서도 이 믿음이 유일한 조건(Only Condition)입니다."[17]

그러나 인간의 책임을 절대 도외시하지 않았다. 그렇다고 인간의 책임이 구원에 있어서 절대적인 역할을 한다는 것을 의미하는 것은 아니다. 또 하나님의 책임과 인간의 책임을 반반씩 분담하는 그런 신인협동설도 아니다. 웨슬리가 말하는 신인협동설은 하나님의 절대적인 은혜에 대하여 인간이 능동적으로 아멘으로 응답하는 것 정도의 개념이라 하겠다. 웨슬리 학자들은 이러한 웨슬리의 견해를 '복음적 신인협동설'(Evangelical Synergism)이라고 말한다. 따라서 웨슬리의 성화를 인간

---

17) 'The Scripture Way of Salvation', *Standard Sermons*, II, p. 452-52.

행위에 초점을 맞추어 이해하면 웨슬리를 잘못 이해하게 되는 것이다. 그러나 진정으로 하나님의 은혜에 대한 고백을 한 성도라면, 2차적으로 선행이 따라오는 것은 당연한 결과다.

이와 같은 맥락에서 웨슬리의 '교회 안의 작은 교회'인 속회는 단지 행정적인 조직이나 양적 성장을 위한 것만이 아니라 성화 훈련이라는 질적 성숙을 도모하는 목회적이고 영적인 동기를 가지고 있었던 것이다. 작은 교회인 속회의 장점은 은혜를 받은 것으로 끝나는 것이 아니라 생활에서 그리스도의 명령에 복종하는 사랑의 선행을 실천하여 공동 성화를 지향하는데 있었다. 그리하여 속회는 영적 상호 책임 의식을 통하여 서로 돌보고, 협조하고, 격려하고, 나누는 형태로 발전되어 갔다.

웨슬리는 기독교인들이 개인적이거나 수도원적, 신비주의적, 은둔적 종교를 만들려고 하는 것은 기독교를 파괴하는 행위라고 비판하였다. 즉, 개인적 성화나 사회 성화를 지향하는 것이 참된 기독교라고 본 것이다. 이러한 웨슬리의 신학적인 동기는 모라비안과 결별할 수밖에 없었던 이유이기도 하다. 왜냐하면 당시 모라비안들은 성화에 대한 개념을 무시하고 믿음만 있으면 모든 것이 다 해결된다고 믿었기 때문이다. 그러나 웨슬리는 태어난 어린아이가 장성한 어른으로 자라나야 하듯이 성도는 매일 성화되어야 함을 강조했다. 웨슬리는 이러한 그의 신학을 속회에 적용했다. 그래서 속회는 웨슬리 신학의 모델이기도 하다.

8. 교회 안의 작은 교회로서의 속회

속회의 또 다른 특징이 있다면 교회로서의 역할이다. 교회로서의 역할로 두 가지를 말하고 싶다.

첫째는 '교회 안의 작은 교회'로서 개인 성화만 강조한 것이 아니라 사회 성화도 강조하여 사회의 빛과 소금의 역할을 하도록 지도했다는 점이다. 속회의 영성 운동은 내면적이면서 외향적이고 개인적이면서도 사회적이었다. 그러므로 성화를 이루기 위해서 개인적 성화와 사회적 성화가 함께 통전적으로 이루어지도록 강조했다. 죄에 대하여 죽고 하나님께 대하여 살아서 사랑과 봉사의 힘을 얻도록 이끌었다. 실제로 웨슬리 자신이 그렇게 살았던 삶을 속회에서 잘 적용하려고 하였다.

웨슬리 당시의 사회적 죄악과 도덕적 타락 그리고 빈곤의 문제는 상상을 불허했다. 이러한 사회상을 보면서 웨슬리는 개인의 영혼을 구원하는 복음 전도 운동이 결국에는 사회의 질병을 치유하고 그 고통으로부터 구원시키리라 믿었다. 그리하여 그는 가히 혁명적이라고 할 만큼 관료 귀족 중심의 자본주의 경제 체제와 부도덕한 경제 윤리, 향락주의적 자본가들의 죄악을 비판하면서 회개를 촉구했고, 노예 폐지 운동과 감옥 개선 운동 등 실질적인 사회 개혁을 시도하였다. 실제로 뉴캐슬(New Castle) 지역에서 길거리 전도를 할 때 가난하고 불쌍한 이들을 향해서는 위로와 소망의 설교를 한 반면, 브리스톨(Bristol)의 부유한 지역인 크리프톤(Clifton)에서는 "화 있을진저, 독사의 자식들아!" 하면서 책망의 설교를 하여 항의를 받기도 했다.

웨슬리는 단순히 학문적인 원리나 이론으로 설교하지 않았다. 런던에서는 성탄절에 가난한 이들을 구제하기 위해 모금에 나섰는데 눈길을 헤매며 쓰러질 정도로 헌신하기도 하였다. "웨슬리는 누구보다 많은 책을 썼고 그 수입으로 평생 약 4만 파운드(현재 한국 원화로 400억 원)를 벌었으나 모두 선교 사업과 가난한 사람들에게 나누어 주었다. 그는 평생 동안 일 년 평균 1,400파운드(한국 원화로 10억 원)의 돈을 선행을 위해 사용하였다."[18]

웨슬리의 복음적 접근 방법은 설교를 통해서만 이루어진 것이 아니었다. 감리교인들은 먹이고 입히고 치유하고 교육하면서 복음을 전하였다. 소위 돌봄의 사역을 실천한 것이다. 당시 영국 사회의 고아들은 모두 감리교인들의 자녀들이었고, 과부와 홀아비들은 모두가 감리교인들의 형제자매들이었으며, 버림받은 노인들은 모두가 감리교인들의 부모처럼 돌봄을 받았다. 영혼 구원과 돌봄의 사역을 동시에 펼쳐 감으로 살아 있는 복음이 능력을 발휘한 것이다. 후기에 웨슬리가 관심을 기울였던 것은 '아르미니안 매거진'(Arminian Magazine)을 통하여 구원과 돌봄의 영역을 개인에서부터 사회와 환경의 모든 부분에까지 다루는 것이었다. 이를 통해 그는 감리교도들과 일반 사회 모든 이들을 대상으로 교육과 돌봄을 실천하였다. 이처럼 웨슬리는 단순히 한 영혼에게만 초점을 두지 않고 하나님의 창조 정신을 받들어 세상을 거룩하게 관리하고 세워 나가는 청지기의 정신에서 접근하였다.

둘째로 속회의 또 다른 교회적 역할은 '양육 구조'로써의 역할이

---

18) 김진두, 존 웨슬리와 사랑의 혁명 (서울: 도서출판 감신, 2003), pp. 65-67.

다. 작은 교회인 속회는 교회론에 대한 새로운 이해를 바탕으로 접근한 것이었다. 제도적 교회가 갖고 있는 문제점은 성서적인 기초보다는 축적된 전통에 의지하여 생명력 있는 교회를 세우지 못하고 너무 실용적이고 기능적인 바탕에서 풀어가려고 한 데 있다. 그러나 웨슬리는 이런 문제점을 보안하여 전통과 실용주의를 조화시켰고, 또 바꿀 필요가 없는 것은 변화시키기보다 받아들이는 쪽을 택하였다. 그러면서 전통에 매이지 않았고 복음의 자유로운 물결의 흐름을 방해하는 것은 과감하게 개혁했다. 또한 구조보다 기능적인 관점을 가지고 교회의 질서나 조직을 다양한 형태로 만들어 갔다. 이 부분에서 누구보다 그의 어머니 수산나 웨슬리(Susanna Wesley)와 많은 대화를 하였고 그녀의 조언을 참고하였다. 큰 틀은 성화에 목표를 두면서, 기능적인 면에서는 다양한 조직들을 구체적으로 만들어 갔다. 예를 들어 고아원, 학교, 약국, 대부 기금(Loan Funds) 등 필요에 따른 조직과 사업들을 만들어서 돌봄과 양육을 단순히 교회 안에 국한시키지 않고 사회에까지 확대하여 돌보도록 하였다.

웨슬리는 속회를 작은 교회로서 교회적인 역할을 하도록 이끌어 갔다. 그것은 곧 양육과 성화다. 그리스도께서 교회를 양육하고 그리스도의 장성한 분량에 이르기까지 성장하기를 원하듯, 웨슬리도 속회원들이 완전에 이르기까지 성장하길 원했다. 그러나 양육 없는 성장은 없다. 그래서 속회에서는 양육이 중요한 역할을 하게 된다.

9. 속장과 양육

우리는 속회에서의 양육의 중요성에 대하여 더 깊게 살펴 볼 필요가 있다. 왜냐하면 양육은 속회에서 핵심 과제이기 때문이다.

속장의 임무 가운데 양육이 가장 소중한 것이라 할 수 있다. 웨슬리는 속장의 임무에 대해 "자기 속회에 속한 모든 사람을 한 주일에 적어도 한 번은 방문하여 그들의 신령상의 형편을 보살피고, 필요할 때에는 충고하고 책망하며 위로하고 권면하는 것"이라고 말하고 있다.[19] 이렇듯 속장의 가장 큰 임무는 속회원들의 신령상의 문제를 돌보고 양육하는 것이다.

그런데 진짜 중요한 것은, 양육 구조로서의 속회에서 어떤 사람이 속장이 되느냐 하는 문제다. 속장을 세움에 있어서 웨슬리는 중요한 말을 한다. "나는 당신이나 어떤 설교자가 속장이 되는 것을 적극적으로 금하는 바입니다. 오히려 각 속에서 가장 보잘 것 없는 사람을 그 속의 속장으로 세우도록 하십시오."

왜 웨슬리는 속장의 중요성을 강조하면서 속장의 역할을 과소평가하는 것 같은 인상을 주는가? 그 의도는 분명하다. 속장은 강력한 지도력을 필요로 하는 자리가 아니라 돌보는 역할이며 서로 섬기는 생활을 통하여 성화를 지향하기 때문이다. 만일 속장을 계급으로 인식한다면 능력 있는 사람이 해야 할 것이고 그 결과는 분열이나 쇠퇴를 초래할 것이다.

---

19) 'The Nature, Design, and General Rules of the United Societies', *Works*, VIII, pp. 269-70.

오늘날 한국 감리교회의 속회가 제 기능을 하지 못하는 원인이 바로 여기에 있다. 관리 속회로 운영하다 보니 인도자?속장이 계급화되었고 돌봄이나 양육의 기능이 제대로 이루어지지 않고 있기 때문이다. 속장의 임무를 살펴보면, 예배 참석의 권면이나 가끔 담당 교역자의 심방 시 보조로 동행하거나 속회원에게 특별한 변동 상황이 발생할 경우 그것을 교회에 보고하는 것에 그치고 있다. 이것은 결코 생명력 있는 속회의 모습이 아니다.

속회는 '양육 구조'와 '복음 전도의 구조'가 되어야 한다. 사도 바울도 그리스도 안에서 스승은 많지만 아비는 적다고 탄식하였다. 한 영혼을 돌보는 것은 단순히 가이드 정도가 아니다. 바람직한 속회는 아비와 유모처럼 책임적인 돌봄과 양육, 훈련, 섬김과 친교, 기도와 전도 등이 함께 병행되어야 한다. 속회는 예배의 기능을 넘어서서, 작은 교회로서 목회가 이루어지는 목회 현장이다. 따라서 속회나 속장에 대한 인식도 달라져야 한다. 속장을 목사의 목회 파트너로 인식한다면 속회원은 양이 되고 속장은 작은 목자가 된다. 속장이 목자라면 마땅히 참 목자되신 주님을 닮아 가도록 노력해야 한다. 또한 속장의 사역도 주님께서 제자들에게 하셨던 것처럼 속회원들을 사랑으로 돌보는 목자로서의 사역이 되어야 한다.

작은 목자로서의 속장 사역을 돌봄의 사역이라고 할 때 구체적으로 어떻게 접근해야 하는지, 필자가 목회 현장에서 하고 있는 사역을 중심으로 피력해 보고자 한다.

우선 '목회라는 양육 구조에 있어서 셀 사역에서 말하는 나눔

(Share)을 우선시할 것인가?' 하는 문제다. 목양에 있어서 양육 문제는 나눔(Share)보다 돌봄(Care)이 우선이다. 돌봄이라는 말은, 어떤 존재를 전인적으로 돌보는 어머니의 양육과 같은 것이다. 예수님은 베드로에게 "네가 나를 사랑하느냐?"고 물으신 후 "내 어린 양을 먹이라."고 하셨다. 어린 양의 특징은 전적인 돌봄을 필요할 뿐 나눔의 대상은 아니다. 같은 이치로 세상에 태어난 아기에게 어머니의 역할은 전적인 돌봄이다. 그래서 어머님의 사랑을 말할 때 '진자리 마른자리 갈아 뉘시고 손발이 다 닳도록 고생하신다'고 하는 것이다. 어린 아기는 의사 표현을 오직 우는 것으로 표현한다. 같은 울음이라도 상황에 따라 다르다. 어머니 외에는 그 울음의 의미를 구별해 낼 수 없다. 아파서 우는 것, 졸려서 우는 것, 배고파서 우는 것, 배변 후에 우는 것 등 아버지들은 아무리 귀를 기울여 분별해 내려 해도 알 수가 없다. 해산의 고통을 감내하며 출산한 어머니만이 그것을 알 수 있다. 24시간 함께하면서 관심을 집중하는 어머니에게는 울음의 색깔이나 의미가 가슴으로 부딪쳐 오는 것이다.

그러므로 한 영혼을 돌본다고 할 때 전인적인 접근과 양육은 곧 관심(Concerning)이다. 관심은 구체적인 사랑의 표시이자 신호다. 아무리 무식하고 무능한 어머니라도 자녀를 향한 관심을 통해 그 자식에게는 가장 확실한 보호자이며 의지의 대상이 된다. 속장이 속회원들에게 관심을 기울이기 시작하는 순간 사랑의 신호가 가기 시작한다. 눈에 보이지 않는 사랑의 신호는 분위기나 느낌으로 알 수 있다. 중동 지역에서 양을 키우는 목자들의 말에 따르면, 양은 근시라서 10m 이상을 볼 수 없지만 후각과 감각이 뛰어나서 공기의 느낌으로 자기 목자를 알아본다는 것이다.

인간은 영적인 존재이며 동시에 사회성을 가진 존재다. 홀로 살 수 없도록 창조된 존재이기에 관계 속에서 살아야만 삶의 의미를 느낄 수 있다. 사람의 뇌 세포인 뉴런(Neuron)은 그물처럼 만들어져 있다고 한다. 다른 사람과의 관계가 원만하고 사랑의 관계 속에 있을 때는 빛을 발하고 건강하지만, 고립되거나 소외되면 기능이 저하되고 빛을 잃는다. 관심과 사랑은 이렇게 신체적인 건강과도 밀접한 관계가 있다. 속장이 속회원들에게 관심을 갖고 돌보는 일은 목자로서 당연한 의무이며 양육을 위한 최선의 방법이다. 좀 더 구체적인 돌봄의 방법으로 관심을 가져야 할 부분은, 먼저 기도의 줄로 연결되는 일이다.

태국에 가면 어느 마을이든지 위쪽에 사찰이 있고 신년이 되면 절에서부터 시작된 실이 각 가정에 전깃줄처럼 연결돼 있는 것을 보게 된다. 이것은 부처의 법력이 실을 통하여 각 가정에 들어와 악귀들을 물리치고 보호하며 복을 준다고 믿는 태국 국민들의 불교 신앙에서 비롯된 것이다. 속장이 기도의 줄로 속회원들과 연결되어 날마다 구체적으로 기도하고 중보하는 일은, 양육 사역에 성령의 도우심을 구하는 것이다.

보혜사이신 성령은 우리의 스승이시고 훈련자시며 양육자시고 보호자시다. 아무리 잘 교육을 시킨다고 해도 한 사람의 온전한 거듭남을 통한 변화는 오직 성령의 역사일 뿐이다. 우리가 성도들을 양육할 때 늘 문제가 되는 것은 우리 자신의 방법 때문이다. 성령의 역사에 의지하기보다는 잘 만들어진 합리적이고 과학적인 방법들을 볼 때 매력을 느끼고 다 된 것 같은 착각을 한다. 웨슬리의 경우, 철저한 경건 훈련을 통하여 성화를 이루어 보려고 했던 시도가 얼마나 불가능한 것이며 또 다른 사람을 돌보고 전도하는 것의 열매 없음도 경험했기에, 오직 성령의 사람, 기도의 사람이 되기 위하여 능력의 방(Power Room)을 만들었다. 그의 사역의 승리와 열매는 대부분 이 기도실에서 결정났으며, 실제로 기도 사역은 웨슬리의 복음 전도 운동에 놀라운 성과를 이루어 냈다.

속장이 속회원들을 위해 중보 기도를 하기 시작하면, 그들의 심령 상태와 문제들을 잘 알게 되고 친화력이 생기며 그들의 문제가 전이되어 내 문제가 되게 된다. 이러한 영적 흐름은 속장으로 하여금 진정한 지도력을 갖도록 만들며 속회원들이 자연스럽게 순종하게 만든다. 반면 관리 속회로 전락한 속회는 대부분 속장들이 힘들다고 하면서 속회원들이 말을 안 듣는다고 하소연한다. 양은 느낌으로 혹은 공기로 목자를 알고 따른다고 했거니와 영적인 관계가 단절된 상황에서 오는 서먹함, 단절감을 가지고는 속장과 속회원들과의 관계가 목자와 양의 관계일 수 없고 당연히 순종하지 않게 된다. 하지만 중보 기도는 영적인 친밀감(Intimacy)과 친화력(Affinity)을 통해 속장의 돌봄 사역을 가능하게 한다.

목자로서의 속장은 여기에 그쳐서는 안 된다. 속회원들의 문제를 어루만져 주는 영적인 스킨십(Skinship)이 필요하다. 우리 교회에는 예배에 나오지 않으면서 속회에는 참석하는 이들이 있다. 그 이유는 속장의 간절한 기도가 너무 고맙고 좋아서 속회에 참석한다는 것이다. 태양빛을 받아야 탄소 동화 작용이 일어나 식물들이 성장하듯, 사람은 관심과 사랑과 말씀의 언어를 통하여 힘을 얻고 마음이 열린다. 예수님이 이 땅에 오셔서 수많은 사람들에게 주셨던 말씀들이 소망과 용기와 새로운 삶을 살아가는 능력이 된 것과 같은 이치다. 형식적이 아닌 진정한 사랑과 마음으로 기도해 주는 일은, 한 영혼을 향한 영적 스킨십으로 양들을 온순하게 만들고 순종하게 만든다.

6

밴드 Band

1. 밴드의 특징

웨슬리는 신앙과 죄의 유혹을 어떻게 극복해야 하는가를 심도 있게 나누려면 구성원이 매우 중요하다 여겼다. 그래서 속회원 중에서 믿음의 분량이 많은 회원들을 뽑아 밴드의 회원으로 따로 조직했다. 웨슬리는 모라비안에게서 이것을 배워 기혼·미혼, 남·여 성별로 구별하였다. 또한 3개월에 한 번씩 밴드에 속한 모든 남자들만의 모임, 모든 여자들만의 모임, 그리고 남녀 합동 모임을 열어 애찬식을 가졌는데, 이때 놀라운 기쁨의 경험을 하였다.

속회는 일반적으로 성도의 교제와 교육 중심의 신앙 훈련 모임(Disciplinary Cell)으로, 개인의 간증이나 권면의 말씀, 찬송으로 이루어져 모든 신도가 참여하도록 조직되었다. 한 주간 동안 있었던 영적 생활의 경험을 형제들 앞에서 간증하는 형태였으므로 영적인 깊은 체험이나 고백은 이루어질 수 없었다. 단순히 피상적인 삶을 나누는 교제 공동체의 성격을 가지고 있었다. 이러한 속회는 얼마동안은 지속될 수 있었지만, 계속적인 성장이나 성화를 이루어 나갈 수는 없었다. 웨슬리는 이러한 문제를 직시하고 좀 더 심화된 그룹을 만들어야 할 필요성을 느꼈다. 그것이 바로 밴드(Band)였다. 사실 밴드는 속회보다 더 일찍 생겼다. 그러나 속회에 대한 문제점을 밴드 속에서 더 보완하게 된 것이다.

밴드에는 속회에는 없는 상호 책임 의식(Accountability)이라는 특징이 있다. 이는 자신에 대하여 철저한 성찰을 하면서 서로의 죄를 고백하고 서로 권면하며 위로하면서 같이 성화를 향해 성장해 나가는 성도들 간의 돌봄의 책임 의식이라 하겠다. 이것은 단순한 고백이 아니라 상호간의 엄격한 감독을 통한 신앙 고백적 영성 훈련 모임(Confessional Group)이었다. 속회원들 중에는 자기 영혼의 내적인 성결(Inward Holiness)과 외적인 성결(Outward Holiness)을 갈망하는 사람들이 있었다. 일찍이 옥스퍼드대학에서 홀리 클럽(Holy Club)을 운영해 본 경험이 있던 웨슬리는 개인적인 훈련보다 연합하여 서로를 책임져 주는 모임이 얼마나 유익한 것인지를 알고 있었다. 때문에 속회보다 더 친밀한 영적 고백을 위한 연합의 수단이 필요함을 느꼈던 것이다. 그리하여 그리스도인의 완전(Christian Perfection)을 전심으로 추구하는 신도들의 모임인 밴드를 만들게 되었던 것이다. 웨슬리는 밴드 회원들에 대해 이렇게 쓰고 있다.

"그들은 동일한 귀중한 믿음의 동참자들에게 전보다 더 따뜻한 애정을 느꼈다. 서로에 대한 신뢰가 일어남으로써 그들은 서로의 가슴 속으로 그들의 영혼을 쏟아부었다. 실제로 그들은 그렇게 해야 할 절실한 필요가 있었다. 왜냐하면 그들이 예상했던 대로 전쟁이 끝난 것이 아니라 그들은 여전히 혈과 육, 그리고 정사와 권세와 싸워야 했기 때문이었다. 그러한 시험들이 도처에 있었고, 그들로 하여금 속회 내에서 어떻게 말해야 좋을지 모르게 할 만큼의 시험들이 있었다. 속회에는 다양한 종류의 사람들, 예컨대 젊은 사람과 노인, 남자와 여자 구분 없이 함께 모였다."[20]

밴드 회원들은 단순한 신앙 생활이나 성화를 추구한 것이 아니라 그리스도인의 완전한 성화를 추구하였기에, 일정 수준에 이른 사람들로 구성되어졌다. 웨슬리는 야고보서 5장 16절의 "그러므로 너희 죄를 서로 고백하며 병이 낫기를 위하여 서로 기도하라. 의인의 간구는 역사하는 힘이 큼이니라."는 말씀에 근거하여, 서로의 죄를 고백하고 함께 죄악의 본성과 생활 습관을 고쳐서 완전 성화를 이루는 것을 목적으로 하였다. 이러한 교제 가운데 죄악의 사슬은 끊어졌고, 죄가 더 이상 그들을 지배하지 못하게 되었다. 밴드는 속회보다 서로의 영혼을 철저히 감독하고 돌보는 영적인 교제를 위해서 만들어진 것으로, 상호 고백 훈련이 중심이었다. 구성 인원은 5~10명 정도로 나누었고, 나이와 성별, 그리고 기혼자나 미혼자로 구분하여 상호 고백이 가능한 친화력 그룹으로 만들었다. 이러한 모임을 오늘날 속회에 적용하면 처음에는 잘 이루어지지 않는다. 그러나 지속적으로 교육하고 훈련하면 지금도 가능하다는 것을 확인할 수 있다.

---

20) 김진두, *웨슬리 실천신학*(서울: 도서출판 진흥, 2000), pp. 264-265.

밴드의 핵심을 정리해 보면 고백적 영성 훈련 모임(Confessional Spiritual Discipline Group)이고, 목적은 서로를 책임지는 돌봄의 사역적 모임(Accountability Caring Ministry Group)이었다. 물론 지향하는 방향은 이러한 훈련을 통하여 그리스도인의 완전을 추구하는 것이었다.

2. 성화를 향한 내적 성찰

속회 회원의 신앙적 수준이 이제 시작하는 단계라면, 밴드의 구성원은 속회원 가운데서 신앙 수준이 높은 사람들로 따로 모아 구성하였다. 웨슬리는 이들의 영적 수준에 대하여 '세상을 이길 만한 믿음'을 가지고 있다고 믿었다.[21]

그리고 속회가 신앙 문답적이라면, 밴드는 경험을 나누는 것이 특징이었다. 그러나 밴드에서 경험적인 것들을 나눌 때 가끔 오해의 소지가 생길 수 있었다. 그것은 생각하지 않아도 될 일들을 끄집어 내어 고백하는 일들이 오히려 상처를 줄 수 있다는 것이다. 그러나 그럼에도 밴드에서 수치스러움을 느껴가면서까지 간과되어질 수도 있는 감정이나 사소한 생각들을 고백한 이유는, 그렇게 함으로써 마음에 새겨져서 굳게 되고 새로워져 그곳에서 벗어날 수 있었기 때문이다.

교제 공동체인 밴드는 이미 성화를 어느 정도 이루고 그리스도인의

---

21) 'Directions Given to the Band Societies', *Works*, VIII, p. 173.

완전을 추구하는 사람들로 이루어졌기에 숨겨진 허물을 찾아 내는 데 목적을 두지 않았다. 아직 영적으로 어린아이 같은 성도들 중에는 재미와 호기심으로 남의 허물을 찾아 내는 데 열심인 이들이 있다. 그러나 우리가 진정으로 성화를 추구한다면, 숨겨진 허물에 관심을 갖기보다 '사랑의 완전'으로 향하게 하는 상호 인도의 수단으로 솔직한 교제를 활용해야 한다. 웨슬리 밴드에서는 실제로 그렇게 했고, 그것은 자연스러운 일들이 되었다. 놀라운 점은 이러한 고백이 가져다 주는 효과였다.

첫째, 가장 큰 효능은 본인 자신의 성결함의 회복과 평화였다. 우리는 영성을 말할 때 내적 탐구 혹은 내적 통찰(Inward Journey)이라는 말을 사용한다. 뿌리 깊은 나무는 가뭄이나 산불, 혹은 태풍의 고난을 통하여 크게 성장하고 뿌리를 더욱 깊이 내린다. 겉에서 흐르는 물이나 건수를 가지고는 생명을 지탱하기 어렵기 때문에 깊은 곳에 흐르는 생수를 흡수하고자 어둠의 여행을 하는 것이다. 마찬가지로 영적인 성화를 이루는 것은 내면 깊은 곳에 숨어 있는 어둠의 벌레들을 찾아 내어 청소하는 것이다. 그것이 비록 고통스럽고 수치스런 경험이나 감정들이라도 일단 고백하고 털어 내면 참된 자유와 평화를 맛보게 되고, 사단의 참소에서 벗어나게 된다. 웨슬리의 사람들은 이러한 공개적인 고백으로 상호 책임 의식(Accountability)을 갖게 되었고, 이를 통하여 잘못된 습관들을 고쳤으며, 죄가 더 이상 지배하지 못하게 하였다. 그 결과 수많은 사람들이 변화되었고 그 변화로 인하여 많은 사람들이 평신도 사역자로 기꺼이 헌신하였다. 그래서 당시 목사가 300명이라면 평신도 사역자들(순회 전도자, 설교가, 헬퍼 등)은 1,000명에 이르렀는데, 이것은 바로 상호 책임 의식이 가져다 준 부수적인 결과였음을 입증하는 것이다.

그러나 오늘날 교인들도 마찬가지지만, 성화를 이루는 것이나 성숙한 신앙을 이루고자 하는 접근 방법이 잘못된 경우가 많다. 즉, 진정한 내적 통찰이 아니라 외형적인 것에 치중하는 경향이 많다. 헌금을 많이 내거나, 주일 성수를 잘 하거나, 교회 일을 열심히 많이 하는 것으로 자신의 신앙이 훌륭하다고 생각하기도 한다. 그러나 그것이 곧 믿음이라고 생각한다면 큰 착각이다. 물론 이런 행위가 믿음의 행위에서 나왔다면 다른 것이지만 말이다. 특히 웨슬리는 감리교회가 이런 외형적인 것에 치우치는 경향이 있는 것에 대하여 강하게 책망하였다.

> "감리교들 사이에 널리 퍼져 있는 가장 큰 오류는 '지나치게 외형적인' 종교에 치우치고 있다는 것입니다. 우리는 하나님의 나라가 '우리 안에' 있으며, 우리의 근본적인 원리는 우리가 선행이나 그 어떤 외적인 공로에 의해서가 아니라 '내적인' 성결을 만들어 내는 '신앙에 의하여' 구원을 받았다는 사실을 끊임없이 잊고 있습니다."[22]

믿음 없이도 열심히 일할 수 있다. 성화를 이루지 않고도 헌금을 많이 할 수 있다. 사울도 주님을 만나기 전에는 열심히 예수 믿는 이들을 핍박했다. 그것이 곧 하나님을 잘 섬기는 것이라고 믿었기 때문이다. 아나니아와 삽비라 부부도 자기들의 전 재산을 팔아 사도들의 발 앞에 내놓았다. 그러나 그러한 일들이 복이 되거나 성화를 이룬 징표라고는 할수 없다. 잘못된 동기에서 출발한 일이라면 그것은 스스로를 속이는 것일 뿐이다. 그러므로 우리는 스스로 외형적인 종교 생활에 머물러 있지

---

22) 'To John Valton', *Letters*, V, p. 289.

않은지 혹은 진정한 내적 종교인으로서 신앙 생활을 잘 하고 있는지를 면밀히 살펴보아야 한다.

3. 상호 책임 의식과 죄의 고백

상호 책임 의식(Accountability)은 밴드를 이해하는데 가장 중요한 부분임에 틀림없다. 당시 영국 국교회 안에 있었던 종교 신도회(the Religious Society)에는 이 상호 책임 의식(Accountability)이 부족했다. 그래서 웨슬리는 밴드에서 이 점을 더 보완하여 서로 책임지면서 신앙을 지도해 나가도록 응용했던 것이다. 즉 영적으로 서로 책임을 지면서 연대감을 갖는 것은 밴드의 특징이자 감리회의 특징이었다. 그래서 감리교 목사에게 주어진 임무 가운데 가장 중요한 것이 바로 '책임 의식'이다. 제1회(1744년) 회의록에도, 감리교 연합신도회 총칙(1743년 5월 1일)에서도 목사의 직무에 대해 '마땅히 책임져야 한다'(as he that must give an account)고 명시해 놓고 있다. 이런 '책임 의식'을 목사뿐 아니라 모든 성도들도 가지면서 서로 도우며 그리스도인의 완전을 위해 나아갔던 것이다.

밴드에 대하여 반대하는 이들도 있었다. 그 이유는 성경에 없는 제도이며, 가톨릭적이라는 것이었다. 웨슬리는 이것에 대하여 설명하기를 성경에는 일반 원칙만 제시되어 있기 때문에 특수한 경우에는 상식에 맞게 은혜의 방편을 두는 것이 중요하다 하였고, 가톨릭적이라는 지적에 대해서는 그들은 개인이 사제에게 일방적으로 고백하는 것으로 상호 고백적이 아니지만 밴드에서는 신자들이 상호 고백하기 때문에 다르다고 설명했다. 웨슬리는 밴드를 통해 평신도가 평신도에게 고백하고 서로 위로와 용서와 치료를 주는 평신도 만인사제직(Priesthood of all Believers)을 실천했고, 이 점에서 그는 가톨릭과 개신교의 중간 길(Via media)을 갔다고 볼 수 있다.[23]

그러면 웨슬리는 왜 이렇게 복잡한 조직을 만들었을까?

웨슬리의 생각 속에 분명하게 자리하고 있는 것은, 믿음이란 말씀을 듣고 감동했다고 온전하게 되는 것이 아니라는 것이다. 사람들이 길거리에서든지, 교회에서든지 복음을 듣고 긍정하고 결심했다고 '저 사람은 이제 됐어, 잘 믿을 거야!' 하고 방치한다면 그들은 금방 유혹에 빠질 것이다. 주님이 말씀하신대로 길가든지, 자갈밭이든지, 가시나무 사이에 떨어진 씨앗같이 말이다. 생명의 법칙을 잘 모르는 사람은 방관하지만 농부는 안다. 씨앗이 땅에 떨어진 후 어떻게 해야 싹이 나고 가을 추수까지 어떤 과정을 거치는지 말이다. 그래서 속회는 밴드에 들어가기 위한 예비반 같은 것으로 시작하였다. 여기서는 돌봄과 양육의 기초면 충분했기 때문이다.

그러나 웨슬리가 브리스톨의 광부들에게 복음을 전한 후 속회를 조직하고 모임을 가지면서 벽에 부딪친 것은, 그들이 너무 가난하고 무지하다는 것이었다. 시간적인 여유나 진지함이 부족하여 밴드까지 끌고 갈 수 없었다. 그래서 브리스톨에서는 밴드를 발전시킬 수 없었다. 그러

---

23) 김진두, *웨슬리의 실천신학*, p. 181.

나 밴드가 가지고 있는 정신이나 방법은 포기할 수 없었다. 웨슬리가 밴드의 장점을 적극적으로 활용하고자 한 것은, 신앙의 궁극적인 목적인 그리스도인의 완전(Christian Perfection) 때문이었다.

옛날이나 오늘이나 목사의 가장 큰 고민은 그렇게 오랜 신앙의 경력을 가졌고, 제자 훈련도 받았고, 온갖 세미나와 성경 그룹 스터디를 했어도 여전히 변화되지 않는 그리스도인을 보는 것이다. 자식을 낳은 부모는 자식이 저절로 큰다고는 믿지 않는다. 그래서 잔소리하고, 교육을 위해 투자하는 것이다. 마찬가지로 불신자가 복음을 받아들여 교회에 나왔다고, 저절로 성장하고 거룩하게 된다고 믿는 목회자는 없다. 그럼에도 불구하고 구체적인 돌봄 사역을 위한 조직과 헌신은 하지 않는다. 그러나 웨슬리는 속회나 밴드를 통해 성도들이 추구해야 할 과정과 목표를 분명히 설정해 줌으로써 그리스도인의 완전과 영화로 이끌고자 하였다. 웨슬리는 경건의 문제를 외적인 것뿐 아니라 내적으로도 추구함으로 두 가지 방향성을 가졌는데, 그것은 '규칙'과 '상호 책임 의식' (Accountability)이었다.

이미 앞에서 말한 대로 '상호 책임 의식'(Accountability)이란, 상호 영적인 책임을 지고자 하는 마음으로 서로를 사랑하고 함께 거룩함을 추구하는 공동체적인 접근 방법이다. 만일 우리가 진심으로 이렇게 할 수 있다면 성화를 이루는 길에 문제가 없을 것이다. 어느 시대든지 부흥의 역사가 일어난 곳에는 공동체적인 죄를 고백하는 회개 운동이 일어난 것을 본다. 1907년의 평양 대부흥 운동을 추적하다 보면 원산의 하디 선교사를 만나게 되고, 그가 무엇을 통하여 부흥의 문을 열었는가를 보면 공개적인 죄의 고백이 있었음을 알게 된다. 이처럼 죄의 고백은 개인적인 반성이 아니라 함께 나누고자 하는 마음이며, 교회론적인 차원에서 말한다면 교회는 유기체적인 공동체이므로 나 하나의 문제가 나만의 문제가 아니라는 점이다. 여리고에서 여호수아의 정복 작전과 아간의 욕심과 불순종이 가져온 문제는 공동체가 무엇인가를 극명하게 보여 준 사건이다. 그러므로 웨슬리의 밴드와 죄의 고백 문제는 여러 가지 의미에서 신앙적이고 복음적임이 분명하다.

지난 여름 수련회에서 우리 교회는 많은 은혜의 역사를 경험했다. 그 중에서 학생회와 청년회에서 일어난 일은 담임목사인 나를 놀라게 했다. 부임한 후 담당 전도사들에게 학생회와 청년회를 CM(Class Meeting) 조직으로 바꾸도록 주문하고 돌봄과 영적 상호 책임 의식에 대한 것을 가르쳤는데, 수련회에서 공개적인 회개 운동이 일어나 학생들과 청년들이 공동체 앞에서 회개하는 놀라운 일이 일어난 것이다. 어른들은 함께 예배드리는 속회에서 삶을 나누는 것이 가능하지만, 요즘 청년들이나 학생들의 경우는 자신의 마음을 열어 회개하면서 서로에게 영적 책임 의식을 가지는 것이 불가능하고, 최근에는 그런 방법을 적용하기가 더욱 어렵다는 목소리들이 있었다. 그런데 청년들과 학생들이 이렇게 자신을 열어 공개적으로 회개하였다는 것은 무엇을 뜻하는가? 이것은 성령의 역사이기도 하면서 새로운 가능성에 대한 여명이라고 할 수 있다.

우리는 너무나 시대적인 흐름에 예민하고 두려워하는 것 같다. 한 시대를 개혁해야 할 사명이 있는 우리가 복음의 능력을 과소평가하는 것 같다. 어쩌면 웨슬리 당시가 더 어려웠을 것이다. 극도로 타락한 사회와 계몽주의 사조가 흐르던 때, 상호 책임 의식은 너무나 이상적인 접근 방법이라고 여겼을 것이다. 그러나 그때 그곳에서 일어난 부흥 운동은 바로 회개와 상호 책임 의식으로 나타난 서로 돌봄 때문에 가능했던 것이다.

지금 여기서 일어나고 있는 일들은, 젊은이들이 자신을 고백하고 공개적인 회개를 한다는 것은 매우 어려운 일이고 상호 책임 의식 역시 불가능한 것이라고만 생각했던 것에 대한 신선한 충격이 아닐 수 없다. 아무리 시대적인 경향(Trend)이 개인적이고 퓨전적인 사고를 지향하는 때라 해도 본질적이며 근본적인 것을 외면하고는 어떤 변화나 부흥도 기대할 수 없다. 젊은이들이 보여 준 공개적인 회개 운동은 1903년과 1907년 부흥 운동의 흐름이었고 더 깊게는 성령의 방법이었다.

밴드에서 상호 책임 의식을 통하여 성화의 차원을 높인 것처럼, 속회에서 단순히 예배드리고 친교하는 것으로 신앙의 의무와 책임을 다했다고 생각하는 '거의 크리스천'(Almost Christian)의 차원을 넘어 '온전한 그리스도인'(All-together Christian)으로 가는 길에는 회개가 현관과 같은 역할을 한다. 웨슬리는 단순히 교인 만드는 것을 목표로 하지 않고 성화를 넘어 그리스도인의 완전(Christian Perfection)에 이르는 것을 목표로 하였기 때문에, 밴드에서 개인적인 것과 공개적인 것을 포함하여 죄를 고백하는 것과 영적 상호 책임 의식을 중요하게 여겼다. 그러나 웨슬리가 말하는 죄의 고백은 단순한 회개를 말하지 않는다. 아무리 회개하고 새 사람이 되었다고 해도 그러한 감정이나 결심은 그다지 오래 가지 않는다는 것을 알았기 때문이다.

4. 영적 상호 책임 의식과 신앙적인 훈련

웨슬리의 'Accountability'의 의미는 거듭난 그리스도인들이 서로 영적인 책임을 지는 훈련이다. 그래서 두 번째는 규칙의 문제가 대두된다. 웨슬리는 밴드 회원들에게 아주 엄한 규칙을 주었다. 그는 신앙을 성숙시키는 데 있어서 엄한 훈련이 많은 도움을 준다는 것을 알고 있었다.

웨슬리는 어릴 때 받은 어머니의 교육과 훈련으로 규칙의 중요성에 대해 잘 알고 있었다. 규칙이 습관이 되기까지는 훈련을 해야 하고 습관을 넘어 인격으로 승화될 때 온전함에 이른다는 사실을 몸소 경험했기 때문이다. 어머니 수산나가 어릴 때 자녀들을 훈련했던 내용을 살펴보면 얼마나 철저했는지 알 수 있다. 그녀는 엄격한 규율과 자로 잰 듯한 시간표에 따라 자녀들을 훈육하였다. 아이가 태어나서 석 달 동안은 그냥 자도록 내버려 두었지만, 그 뒤에는 깨어 있을 때마다 요람에 눕혀 잠들 때까지 흔들어 주었다. 그런 다음에 다시 깨어날 시간이 되면 요람을 흔들어 깨움으로써 잠을 규칙적으로 자게 했다. 자녀가 첫 돌이 되면 매를 무서워하고 조용히 우는 습관을 가지도록 가르쳤다. 매를 맞고 우는 일이 있을지라도 소리를 크게 내서는 안 되었으며 들릴락 말락 흐느껴 울어야만 했다. 식탁에서는 주어진 음식만 먹어야 했고 자기 앞에 놓인 음식은 무슨 일이 있어도 깨끗이 먹어치워야만 했다. 옷을 입고 벗는 일 등도 규칙적으로 하게 했다. 저녁 6시에 기도회가 끝나면 식사를 하고, 7시에는 몸을 씻고, 8시에는 모두 침실로 가서 잠자리에 들도록 했다. 특히 1709년 화재 사건 이후에는 헤이해진 아이들을 다시 교육하기 위해 일주일 단위로 매일 순서를 정해 아이들과 한 시간씩 대화를 나누는 등 개별 지도를 통해 예전 상태로 되돌아가도록 했다.

월요일에는 몰리, 화요일에는 헤티, 수요일에는 낸시, 목요일에는 존, 금요일에는 페티, 토요일에는 찰스, 그리고 일요일에는 에밀리아와 수키에게 돌아가면서 개별 접촉을 했다. 이렇게 함으로써 수산나는 많은 아이들 속에 묻혀서 드러나지 않는 개인의 문제점 등을 파악할 수 있었다. 또한 화재 이후 할 수 없었던 개별 상담과 개인적인 경건 훈련도 동시에 꾀할 수 있었다. 존은 목요일의 아이로, 그 후 일생 동안 목요일은 존 웨슬리에게 매우 특별한 의미를 지니는 날이 되었다.

이와 같이 수산나 웨슬리의 가정 교육의 핵심은 '규칙성'(Regularity)의 원리에 있었다. 잠자리에 들고 일어나는 것, 옷을 입고 벗는 것, 밥 먹는 것, 공부하는 것 등등의 모든 일과 생활이 철저히 시계추의 움직임에 따라 질서 정연하게 이루어지도록 했다. 장성한 존이 유년 시절에 어머니로부터 받은 가정 교육을 반추하면서 수산나에게 가정 교육의 원리들을 말해 달라고 부탁한 적이 있었다. 1732년 7월 24일 수산나는 존에게 보낸 서한에서 자신의 교육 원리를 다음과 같이 적어 보냈다.

"아이들의 마음을 바로잡기 위해서 제일 먼저 해야 할 일은 아이들의 의지를 꺾는 것이란다. … 나는 아이들의 의지를 일찍부터 꺾어야만 한다고 주장한다. 왜냐하면 이렇게 하는 일이야말로 종교 교육의 유일한 기초를 놓는 일이 되기 때문이다. 아이들의 의지를 철저히 꺾어 놓은 다음에서야 자신의 이해가 완숙한 경지에 이를 때까지 부모의 생각에 따를 수 있게 되는 것이란다."24)

웨슬리는 어머니의 편지를 어머니 사후에 알미니우스 매거진에 기재하여 모든 감리교인들이 자녀 교육을 시키는데 배우도록 했다. 수산나의 교육 방법에 대해 랄프 윌러는 이렇게 말했다. "그녀의 교육 수칙을 살펴보면 정규 학습에서뿐 아니라 행동 부분에 있어서도 통제를 강조한다."25) 즉 통제법이 하나의 교육 방법이었다는 것이다.

수산나는 엡워스(Epworth) 사제관에서 자녀들이 지켜야만 하는 8가지의 세칙들(Bylaws)을 다음과 같이 정하였다.

1. 잘못을 범한 사람은 누구든지 솔직하게 자백하고, 고칠 것을 약속하는 한 매를 맞지 않도록 한다. 이 규칙은 아이들이 거짓말하는 것을 상당수 예방할 수 있게 만들어 주었다.

2. 거짓말이나 좀도둑질, 교회에서 혹은 주일에 장난치는 일, 불순종, 말다툼 등의 죄된 행위는 벌을 주지 않고 그냥 지나치는 법이 없도록 한다.

3. 똑같은 잘못 때문에 두 번 야단을 치거나 매를 대지 않는다.

4. 순종하는 행위의 표시는 무엇이든지 칭찬해 주고, 그 동기의 공로에 따라 자주 상을 준다.

5. 어느 아이든지 순종하는 행위를 하든지 아니면 남을 기쁘게 할 요량으로 무엇을 하든지 하면, 비록 그 행위가 썩 훌륭한 것이 아니라 할지라도 그 순종하는 행위나 의도만큼은 친절하게 받아주어야만 할 것이다. 그렇게 하여 이 아이가 나중에 좀 더 잘할 수 있도록 따뜻하게 인도하

24) Wallace, *Susanna Wesley: The Complete Writings*, p. 369.
25) 랄프 윌러, 강병훈 옮김, 존 *웨슬리*(서울: KMC, 2006), p. 30.

도록 한다.

6. 예의범절은 항상 지켜야 하며 조금이라도 만에 하나 그것이 파딩(영국의 청동화로써 1/4 페니 정도의 가치를 지닌 보잘것없는 돈)이나 아니면 작은 핀 하나라고 할지언정, 다른 사람의 소유물을 침해하는 일이 없도록 한다.

7. 약속은 철저하게 지켜야만 한다. 선물은 일단 남에게 주어져서 소유권이 선물을 주는 사람으로부터 떠날 경우 다시 회복하지 못하도록 한다.

8. 여자 아이들이 글을 잘 읽을 수 있을 때까지 일하는 것을 배우지 못하게 한다. 그런 다음에 이 규칙을 똑같이 적용함으로써 일을 가르치며 일을 하는 시간 동안 계속해서 책을 읽을 수 있게 한다. 이 규칙은 잘 지켜져야만 한다. 왜냐하면 여자 아이들이 글을 완벽하게 읽기도 전에 바느질을 가르치기 때문에 많은 여자들이 글을 읽지 못할 뿐만 아니라 이해력도 갖추지 못하기 때문이다.[26]

이렇게 철저한 어머니의 자녀 교육에 대하여 웨슬리는 일생 동안 자랑스럽게 받아들였으며 어머니의 권위주의적인 성향까지도 감리교 운동에 그대로 답습하려고 했다. 그래서 밴드 회원들을 훈련시키는데 있어서 어머니의 방법을 활용하여 엄한 규칙을 적용하였다.

특히 웨슬리가 어릴 적에 어머니께 받은 엄한 훈련은 개인적으로 혼자만 받은 것이 아니라 형제들이 다 함께 받는 훈련이었다. 즉, 팀 훈련이었다. 그래서 힘들면 서로 격려하고 위로해 줄 수 있었다. 이는 진

---

26) 김진두, *웨슬리의 생애*, pp. 26-27.

한 형제애를 느끼고 상호 책임 의식을 가지도록 도와 주었다. 밴드에서
도 마찬가지였다. 힘든 규율을 다 지키는 것은 벅찬 일이었다. 때문에
같은 팀에 묶여 있는 동료들은 서로 돕고 격려하면서 전진해 나갔다. 결
국 엄한 규율은 영적 상호 책임 의식을 더욱 굳건하게 하였고 강한 우대
관계를 갖도록 하였다.

4. 밴드의 규칙과 목적

밴드의 규칙이 생긴 것은 1738년 12월 25일인데, 연합신도회와 속
회가 구성된 것은 1739년 말이다. 시기적으로 본다면 밴드가 먼저 만들
어진 것이다. 이렇게 된 이유는 모라비안의 영향을 받아 친밀한 사람들
중심으로 밴드 모임을 가졌고, 이는 홀리 클럽(Holy Club)을 발전시킨
것이라고 볼 수 있다. 웨슬리 신앙에 깊이 뿌리를 내리고 있었던 경건과
그리스도인의 완전을 통한 거룩함은 그의 목회에서 기초이자 목표였기
때문에 포기할 수 없는 것들이었다. 한 사람이 신앙 생활을 할 때 '그 신
앙의 목표와 여정은 무엇이어야 하는가?', '어떻게 해야 거룩함을 성취
해 갈 수 있을까?' 하는 문제는 목회자라면 누구나 고민할 것이다. 그러
나 그 방법과 조직을 만들어 가는 일은 쉽지 않다. 지금도 목회 현장을
들여다보면 웨슬리의 목회 방법이 여전히 훌륭한 멘토가 될 수 있음을
고백하지 않을 수 없다.

오늘날 성도들의 모습을 들여다보면 일반적으로 신앙 생활이 너무
나 개인적이며 무사안일주의고 목표가 없다. 목표가 있다면 가정의 평

안과 축복, 자녀들이 잘 되는 것, 사업이 번창해서 십일조 제일 많이 하는 것, 그리고 신앙 연륜에 따라 직분이 올라가는 것이다. 조금 더 성장한다면 연합회 회장을 하고, 바자회나 찬양제 혹은 체육대회 등을 통하여 선교 사업을 했다는 업적을 만들고, 나아가 연회를 무대로 활동하다가 더 커진다면 총회에서 자리를 차지하는 것이다. 이렇게 내적 성숙이나 성화의 차원보다는 외적인 일들을 통하여 신앙을 평가하려고 하기 때문에 오늘날 교회들이 잎만 무성한 교회가 될 수밖에 없는 것이다.

젊은이들에게 군대에서 가장 힘든 것이 무엇인지 물은 적이 있다. 대부분 식사 집합이라고 답하였다. 훈련은 이해가 되지만 밥 먹으러 가는 것까지 꼭 그렇게 줄 세워서 가야 하는지 이해가 안 되고 괴롭다는 것이었다. 성도들에게 교회 생활하면서 가장 힘든 것이 무엇인지 물으면 비슷한 대답이 나온다. 자유롭게 예수 믿도록 해 달라는 것이다. 간섭을 싫어하는 세대, 그것은 단순히 훈련을 싫어하는 것이 아니라 신앙의 목표가 없기 때문이다. 밴드에서 규칙을 만든 것은, 성화와 그리스도인의 완전을 추구하는 웨슬리 정신이 담겨진 것이다.

먼저 밴드에 참여하고자 하는 사람에게는 다음과 같은 질문을 하였다.

① 당신은 죄 용서를 받았는가?
② 당신은 예수 그리스도를 통하여 하나님과 화평한가?
③ 당신은 당신의 마음속에 하나님의 자녀라는 사실을 당신의 영과 함께 증거하는 성령의 확증을 가지고 있나?
④ 하나님의 사랑이 당신의 심령 속에 흐르고 있나?

⑤ 당신을 지배하고 있는 내적인 죄나 외적인 죄가 있나?

⑥ 당신은 당신의 모든 잘못을 고백할 수 있는가?

⑦ 당신의 모든 잘못에 대해 어떤 것이라도 언제든지 우리가 말해 주기를 바라는가?

⑧ 당신은 우리 중 각자가 언제든지 당신에 대하여 자기 마음속에 있는 것을 무엇이든지 말해 주기를 바라는가?

⑨ 당신은 어떠한 경우에도 전적으로 개방된 마음을 가지고 당신의 마음속에 있는 모든 것을 예외 없이, 속임 없이, 주저 없이 말할 용의가 있는가?[27]

밴드에는 속회보다 훨씬 엄격한 자기 성찰과 고백의 규칙(Rules)이 있었다. "너희 죄를 서로 고백하며 병이 낫기를 위하여 서로 기도하라." (약 5:16)는 목적을 위해 다음과 같은 규칙을 정하였다.

① 적어도 주 1회 모인다.

② 특별한 이유가 없는 한 정한 시간에 어김없이 모인다.

③ 정확히 시간이 되면 모인 우리들은 노래와 기도로 시작한다.

④ 각자 순서대로 자유롭게 솔직하게 말하되 지난 모임 이후에 마음과 말과 행동으로 지은 죄와 느낀 유혹에 대하여 말한다.

⑤ 회원 중 한 사람이 먼저 자신의 영혼 상태에 대한 말을 하고 그 다음 다른 사람에게 그들의 상태와 죄의 유혹에 대해 질문한다.

⑥ 참석한 각자의 상태에 적합한 기도로써 모임을 마친다.[28]

---

27) 김홍기, *감리교회사*(서울: KMC, 1993), pp.135-136.
28) Ibid.

사실 이러한 모임이나 방법은 목회에 있어서 목사 자신에게 더 필요한 것이라고 생각한다. 사도 바울은 말세의 현상에 대하여 경건의 모양은 있으나 능력은 없다고 했는데, 목사로서 가장 큰 고민은 성령의 역사 없이 나 혼자 목회하는 것이다. 안디옥교회의 능력 있는 목회 형태는 성령이 주도하시는 목회였고, 바울이나 바나바의 목회는 성령의 음성을 듣고 순종함으로 나타난 능력이었다. 그러나 오늘날 목회자 가운데 성령의 음성에 귀 기울이거나 성령과 대화하거나 성령의 능력으로 목회하는 이들이 얼마나 될까? 말은 모두가 그렇게 한다고 하지만, 가만히 들여다보면 대부분 자신의 능력과 경험이 바탕에 깔려 있다. 야망과 욕심을 넘어 자신을 완전히 내려놓고 성령님과의 깊은 대화나 인도하심 따라 목회하는 것이 아니라 단지 구색을 갖추는 정도다. 그러므로 오늘날 성령의 역사는 인격적인 사귐의 대상이나 존경하는 보혜사가 아니다. 그 결과 우리의 목회가 실 끊어진 연 같이 추락하고 있는 것이 아닌가 생각한다. 웨슬리는 언제나 능력의 방(Power Room)이라는 기도실에서 성령님과 깊은 교제를 가졌고, 수시로 화살 기도를 통해 성령님과 대화함으로 능력 있는 목회를 이룰 수 있었다.

금세기에 있어서 세계적인 교회와 목회자를 말하라 하면 여의도순복음교회의 조용기 목사를 꼽을 수 있다. 조용기 목사는 서대문 시절, 최선을 다하여 목회한 결과 8천 명까지 부흥시켰다. 더 이상 성장하지 않는 한계에 이르자, 조 목사는 이 정도 교회도 큰 축복이라며 스스로 위안을 삼았다. 그러던 어느 날, 성령님의 "이제 너를 떠나겠다. 지금까지 나 없이 너 혼자 다했으니 나는 너를 버리겠다."는 음성을 들은 조 목사는 너무나 놀라 성령께서 말씀하시기 전에는 강단에서 일어나지 않겠다고 야곱같이 매달렸다. 성령께서 다시 말씀하시기 시작했고, 그때부터 놀라운 부흥의 역사가 일어났다고 한다.

우리들 자신이 성령을 어떤 감화력 정도로 인식하고 있다면 접근 방법이 잘못된 것이다. 밴드에서 함께 모여 죄를 고백하고 나눔으로 마음과 생각과 생활까지 거룩한 공동체로 성화를 이루어 나가자 마음 뜨거운 교제가 이루어졌고, 모임은 능력 있는 공동체가 되어 죄가 숨어 들어올 수 없었다. 각자가 성령님과의 깊은 사귐의 관계를 고백하고, 대화하고, 나눌 때 성령의 능력은 자유롭게 역사하신다.

웨슬리는 이러한 성령님과의 사귐의 가치를 평생 가슴에 간직하여 그의 유언으로 삼았다. "The best of all is God is with us."(모든 것 중의 최선은 하나님이 우리와 함께 하심이다.) 주님은 마지막 고별 설교에서 "내가 너희에게 실상을 말하노니 내가 떠나가는 것이 너희에게 유익이라. 내가 떠나가지 아니하면 보혜사가 너희에게로 오시지 아니할 것이요, 가면 내가 그를 너희에게로 보내리니 그가 와서 죄에 대하여, 의에 대하여, 심판에 대하여 세상을 책망하시리라."(요 16:7~8)고 하심으로 성령의 사역이 무엇인지를 밝히셨다. 함께(With)라는 말은 단순히 같이 있는 것이 아니다. 성령의 사역은 의와 죄와 심판에 대하여 세상을 책망하신다고 말씀하신 것처럼, 공동체의 상호 책임 의식(Accountability)을 고백하고 치료하고 책망하는 그룹인 것이다. 오늘날 우리들이 하고 있는 소그룹 운동의 약점이 바로 이것이다. 함께라는 부분이 너무나 개인적이고 피상적이기 때문에 성령님의 강한 역사를 체험하지 못하는 것이다. '진정한 함께'(With)는 전인적(Whole Person)으로 친밀하며

(Intimacy), 언제 어디서나(Time) 함께 함으로 사귐의 역사(History)를 만들어 가는 것을 의미한다.

웨슬리의 복음 사역을 들여다보면 이런 역사들이 수없이 일어났다. 폭발적인 부흥의 이면에는 옥스퍼드 시절부터 자신의 영적 성장 그래프를 만들어 스스로 체크하고 끊임없이 자기 갱신의 경건 훈련을 해 온 배경이 깔려 있다. 그러나 그러한 경건 훈련의 노력에도 불구하고 현장에서 일어나는 능력과 역사는 너무나 미미하였고 무엇보다 웨슬리 자신 안에서 일어나는 갈등과 괴로움은 마치 배가 닻줄에 매여 있어 전진하지 못하는 것과 같았다. 그러던 중 올더스케잇 체험을 통해 통전적인 신앙으로 거듭나 확신과 기쁨을 얻게 되었고, 성령 안에서 교제하는 방법을 터득하여 참된 거룩의 영성과 오직 주님만을 의지하면서 사역하게 되었다. 그 뒤 그의 모든 사역은 성령께서 주도하시는 부흥의 불쏘시개가 되었다.

5. 밴드의 정신과 철학

웨슬리는 이러한 역사를 자신에게서 공동체로 전이하여, 모든 성도가 그리스도인의 완전(Christian Perfection)을 이룬다면 그것이 그리스도의 몸으로서의 진정한 교회가 되는 것이며 구원받은 자들의 모습이라고 보았기 때문에 이를 밴드에 적용하였다.

그러므로 밴드의 정신과 철학은 단순히 양육 그룹이나 신앙 훈련 그룹이 아니라 그 차원을 넘어서는 것이다. 성 프랜시스같이 혼자 성자의 길을 걸어가는 것은 어느 정도 가능하다. 그러나 공동체 구성원이 모두 성자의 길을 걸어간다는 것은 거의 불가능할 것이다.

그렇다면 웨슬리 공동체의 40여 명에 가까운 지도자들이 모두 거룩한 길을 갈 수 있었던 것은 무엇을 의미하는가? 그것은 밴드나 선발 신도회(Select Band) 같은 조직을 통해 공동체의 성화를 지향했기 때문에 가능했다고 할 수 있고, 이는 이러한 목표가 이상적인 것만이 아닌 실현 가능한 성령의 역사였음을 증명하는 것이다.

오늘날 영성 목회를 꿈꾸며 그리스도인의 완전을 지향하는 방향 설정을 하지만 '어떻게 실현해야 하는가?' 의 문제는 너무나 요원해 보인다. 그 동안 우리는 한쪽으로 치우쳐 양적인 성장에만 초점을 맞추어 오느라 질적인 성화의 문제는 늘 관심 밖의 일이었다. 이제 두 가지 점에서 벽에 부딪치고 보니 심각한 고민을 하지 않을 수 없게 되었다. 양적인 성장의 둔화와 성화를 이루지 못한 그리스도인들의 삶 속에서 나타나는 부작용이 사회의 지탄의 대상이 되고 있는 것이다. 우리들의 교회 현장에서 제시하고 있는 목표들이 너무나 세속적이며 성공주의에 젖어 있음을 우리 자신조차 모르고 있다. 예를 들어 어느 교회는 목표로 '좋은 교회를 넘어 위대한 교회' 라는 슬로건을 걸고 있었다. '위대한 교회가 무엇을 의미하는 것일까?' 하고 곰곰이 생각하면서 그 교회의 면모를 들여다보았다. 지극히 피상적으로 살펴본 것이지만, 교회에서 만든 신문을 보니 정말 위대한 교회 같았다. 우리 나라 정치권과 문화계 인사들뿐만 아니라, 나아가 미국의 부시 대통령까지 만나 함께 찍은 사진을 게재한 것을 보면서 '보통 분은 아니구나!' 하는 생각을 하면서도 '위대함이 이렇게 사회적인 일을 많이 하는 것에 있을까?' 하는 의구심이 드는 것을 막을 수가 없었다.

주님이 보시는 위대함은 무엇이며, 우리가 지향하는 그리스도인의
완전의 의미는 무엇일까? 교회가 사회에 끼치는 영향력은 얼마나 되는
것일까?

이기적인 성화가 아닌 교회 차원의 성화를 위해서라면 영성 목회를
시도해야 하는데 현재의 관리 속회나 소그룹의 목표는 너무 교회 부흥
에만 의도적으로 초점을 맞추고 있기 때문에 효능이 별로 나타나지 않
는다. 기존의 틀 안에서 조직을 성화 그룹으로 전환한다면 속장 모임,
권사 모임, 장로 모임 등을 밴드(Band)나 선발 신도반(Select Band)으로
활용할 수 있을 것이다. 속장 모임을 단순히 속회 운영을 위한 속회공과
를 가르치는 것만으로 하지 말고, 속장들을 작은 목자로 키워 내기 위한
성화 훈련과 리더십 훈련을 하는 것이다. 속장들이 성숙한 영성을 갖춘
지도자가 된다면 부흥뿐 아니라 성숙한 신앙의 용사들이 될 것이다. 웨
슬리는 개인의 구원과 성화는 반드시 사회적 성화로 이어져야 한다고
보았다. 진정으로 구원받은 성도라면 나 혼자만 즐기고 만족할 수 없기
때문이다. 모라비안의 정적주의와 싸웠던 이유도 여기 있었고, 결별한
이유도 이것이었다. 개인적인 성화의 수준이 높아질수록 그리스도인들
이 사회에 더 많은 관심을 가져야 하는 것을 당연시했다. 하나님 사랑
없는 이웃 사랑은 있을 수 없고, 이웃 사랑 없이 하나님 사랑한다는 것
또한 말이 안 되기 때문이다.

이제 우리의 고민은 이 두 가지를 어떻게 속회와 교회에 결합시키
고 구현하는가의 문제다. 웨슬리가 의도했던 밴드나 선발 신도반(Select

Society)은 처음에는 조직이나 규칙 속에서 서로 고백하고 감시하고 책망도 하지만, 나중에는 자유하게 되어 스스로 성화를 이루어 가는 높은 경지에 이르도록 하는 것이었다. 영어 공부를 할 때 처음에는 문법의 틀에 맞게 하기 위해 열심히 공부하지만, 어느 경지에 이르면 문법을 초월하고 잊어야 하는 것과 같은 이치다.

6. 마지막 고찰

밴드(Band)에 대한 것을 굳이 해석하라면 이렇게 말할 수도 있다.

'B'는 Banding으로 밴드 그룹에 묶여 있기도 하지만 동시에 대그룹인 교구에 속해 있으면서 담임목사의 목양 조직에 속해 있는 것을 말한다. 셀처치에서 각 셀은 독립적인 조직으로 평신도 목자가 계속 번식해 가는 조직이기에 이단들이 공격하기에 가장 좋은 조직일 것이다.

'A'는 Accountability로 상호 영적인 책임을 지는 고백 그룹이라는 점에서 가장 좋은 방어 그룹이 된다. 한 주간 동안 일어난 일들을 고백하기도 하고 나누기도 하는 과정에서, 모든 문제들이 드러날 것이고 숨어 있을 곳이 없기 때문이다. 전에 있었던 신천지 연루 교인을 발견한 것도 속장의 보고로 알게 되었고, 해결도 그렇게 하였다.

'N'은 Net-Working의 문제다. 속회 조직의 탁월성은 바로 Net-Working이다. 상호 영적 책임을 지기 위해 서로 확인하고 고백하기 때문이다.

'D'는 Developing으로 지속적인 성장과 성화를 이루어 가는 것을 말한다.

이제 한국 교회들이 이러한 밴드의 정신을 다시 한 번 상기하면서 이것을 목회 현장에 잘 적용하여 성도들의 영적 성숙과 교회의 발전에 크게 응용했으면 하는 바람이다.

7

선발 신도회 Select Society

1. 선발 신도회의 설립 배경

웨슬리는 "그리스도인의 완전(Christian Perfection)이란, 더 이상의 진보나 성숙이 필요 없는 상태가 아니라 끝이 열려 있는 무한한 성장으로서의 완전이다."라고 말했다.[29] 그리고 '신자 안의 죄'란 제목으로 설교할 때 이렇게 피력하였다.

"우리들은 그리스도를 참으로 믿는 그 순간에 새로워졌고, 깨끗해졌고, 성결해졌고, 성별되었습니다. 그러나 동시에 우리는 아직 완전히 새로워지고 온전히 깨끗해지고 온전히 정결해지지는 못했습니다. 육과 악한 성질(비록 정복은 되었지만)이 아직도 남아 있어(remains) 영과 더불어 싸우고 있는 것입니다. 그러므로 더욱 믿음의 선한 싸움을 싸우는데 온갖 노

---

29) *Works*, XI, p. 396.

력을 기울입시다. 그만큼 더욱 안에 있는 원수에 대항하여 깨어 기도하되 간절히 합시다. 그럴수록 더욱 정신을 차리고 하나님의 전신갑주를 입어, 혈과 육과 싸우고 또한 정사와 권세와 하늘에 있는 악한 영들과 싸울지라 도 이 모든 것을 다 이룩하면서 이 악한 세대에서 견디어 굳게 설 수 있도 록 합시다."[30]

웨슬리는 감리교인들이 영적으로 성장을 멈추는 것을 두려워했다. 어느 날 웨슬리는 밴드에서 다음과 같은 현상을 발견하게 되었다. 어떤 회원들은 더 이상 성장을 원하지 않지만 또 다른 회원들은 좀 더 신앙의 진보를 원하고 있음을 보았다. 그래서 웨슬리는 완전을 향해 좀 더 나아 가길 원하는 이들을 격려하고 이들을 위해서 따로 조직을 만들어야겠다 는 필요성을 느끼게 되었다. 이러한 연유로 매주 월요일 오전에 한 시간 정도 모임을 가졌는데, 이것을 가리켜 '선발 신도회'(Select Society) 또 는 '선발 반회'(Selected Band)라고 불렀다. 이 기구가 언제 생겼는지는 확실치 않지만 1740년 12월에 킹스우드에는 선발 반회가 있었고, 1744 년에 파운드리 소사이트에는 77명의 선발 신도회가 있었다. 그러나 점 차 세월이 가면서 선발 반회보다는 선발 신도회로 명칭이 불러졌던 것 같다.

---

30) 'On Sin in Believers', *Standard Sermons*, II, pp. 377-78.

2. 선발 신도회의 규칙들

이 모임의 성격은 '내적 성화와 외적 성화에 있어 현저한 진보를 이룬 사람들'의 모임이었다. 1744년 연회 기록에 보면, 이 사람들은 '하나님의 빛 가운데서 걷고 있는 자'(to walk in the light of God)들이었다.[31] 그러므로 선발 신도반원들의 영적 수준은 어떤 규칙이나 규율이 있어야만 지키고 열심을 내는 수준이 아니라 스스로 성장과 성결을 이루어 가면서 자신의 돌봄(Self-Caring)을 실천하는 이들이었다. 그러나 다음의 규칙은 반드시 지키도록 하였다.

1. 이 모임에서 한 말은 절대로 발설하지 않는다.
2. 모든 회원은 사소한 일이라도 목사에게 가지고 와서 의논하고 복종한다.
3. 모든 회원은 공동 재산으로 사용하려고 절약해 둔 것을 매주 1회씩 가져온다.[32]

이 지침으로 인해 선발 신도반에 속한 사람들은 서로 간에 돈독한 신뢰감을 가질 수 있었다. 또한 웨슬리는 누가 크고 누가 못한가라는 구별을 없애고, 모두 동등한 발언권을 갖도록 하였다. 그리하여 고린도전서 14장 31절 "너희는 다 모든 사람으로 배우게 하고 모든 사람으로 권면을 받게 하기 위하여 하나씩 하나씩 예언할 수 있느니라."는 말씀을 실현하였다. 이들이야말로 감리교회 지도자로 손색이 없어서, 선발 신도반은 지도자 양성소라고 할 수 있었다.

---

31) Manuscript Minutes of early Conferences 1744.
32) 김진두, 존 웨슬리의 실천신학, p. 269.

3. 선발 신도회의 목표

웨슬리가 선발 신도반을 만들어야만 했던 이유는 무엇일까?

웨슬리는 이 모임을 위한 비전을 다음과 같이 세웠다. 첫째 이들을 영적으로 잘 지도하고 리더십을 길러서 그리스도인의 완전을 향해 매진토록 하며, 둘째 각 사람이 받은 은혜를 발휘하고 각각의 은사를 개발하여 봉사하도록 하고, 셋째 서로 간에 더욱 사랑하고 서로를 세심하게 돌보도록 하며, 넷째 어느 경우에나 자신들의 마음속에 있는 것들을 다 털어놓을 수 있도록 하고, 다섯째 모든 형제들 앞에 사랑, 성화, 그리고 선행의 모범을 보이도록 하는 것이었다. 이 모임의 특징은 더 이상 규칙에 얽매이지 않는 것이었다. 이미 밴드를 거친 사람들이었기 때문에 더 이상의 규칙을 정하지 않아도 스스로 절제하고 스스로 마음속에 간직한 최선의 규율에 따라 행하였던 것이다.

한번은 무디 목사에게 성도 중 하나가 이런 질문을 하였다. "어떻게 사는 것이 하나님의 뜻대로 사는 것인지 알려 주십시오." 무디는 말하기를 "하나님을 사랑하시오. 그리고 맘대로 하시오." 어떤 법의 테두리 때문에 행동하고 움직이는 것은 온전한 순종이 아니다. 사도 바울이 말한 것처럼 주님을 만나 온전히 변화되었다면 사랑의 줄에 매인 사람같이 사랑 때문에 움직이고 순종하는 신앙을 가질 것이다. 사랑도 의무적인 사랑은 항상 무거운 짐이다. 그러나 의무를 넘어 진정한 사랑의 마음이 동기가 되어 움직인다면 짐이 아니라 그것은 기쁨이며 감사일 것이다. 에덴동산에서 아담과 이브가 범죄하기 전 사역할 때 그것은 삶(Life)이었고 기쁨이었다. 그러나 범죄하고 난 후에는 관리하고 돌보는 일이 무거운 짐(Labor)이 되었다. 일반적으로 자신이 하는 일에 만족하는 사람이 얼마 없다고 한다. 그래서 더 좋은 직장을 찾아 헤맨다. 에덴동산의 아담의 경우를 본다면 환경적인 요인은 결코 우리를 만족시킬 수 없다. 오직 사명으로 알고 사명을 즐길 때, 그것은 일이 아닌 삶이 되는 것이다. 선발 신도회는 바로 이렇게 법에 얽매인 것이 아니라 진리 안에서 진정한 자유를 느끼는 자들이 주의 뜻 안에서 스스로 자유롭게 운영했던 것이다.

초기 메도디스트들을 모두 수도사로 만들려고 했던 것인가?

후기에 많은 학자들은 웨슬리의 밴드나 선발 신도회의 규칙과 내용을 보면서 웨슬리가 다른 시대에 살았다면 새로운 수도원 창설자(Founder of a Monastic Order)가 되었을 것이라고 했다. 하지만 그것은 또 다른 편견이라고밖에 볼 수 없다. 웨슬리는 수도사도 아니고 수도원으로 사람들을 몰고 가고 싶어하지도 않았다. 웨슬리의 가슴 속에 끊임없이 타오르고 있었던 열정은, 진정한 기독교(True Christianity)를 꿈꾸며 성경적인 그리스도인(Bible Christian)이 되는 것이었다. 그것은 그가 사역하는 동안 초기에서부터 노년에 이르기까지 14번이나 설교했던 '하나님의 포도원'(On God's Vineyard)[33]이라는 설교를 살펴보면 알 수 있다.

웨슬리는 하나님의 포도원을 감리교회로 보았고, 작게는 신도회(Society) 혹은 교회 안의 작은 교회인 속회, 밴드, 선발 신도회로 보았다. 그러나 웨슬리는 포도원만 만든 것이 아니었다. 포도원의 포도 열매가

---

33) 웨슬리 설교 전집, Vol. 7(한국웨슬리학회 편, 대한기독교서회), p. 119.

최상품이 되도록 잘 인도하고 가꾸는 것이 그의 최종 목표였다. 웨슬리는 신실한 종이었고 주님의 마음을 품었던 사람이었기에 잠시도 포도원에서 눈을 뗄 수가 없었다. 좋은 포도 열매를 위하여 하나님께서 포도원에 하신 일 외에는 더 할 것이 없다고 할 만큼 오직 성경적인 방법을 추구했다. 교회에 대한 웨슬리의 모델은 사도 바울이었다. "온 몸이 각 마디를 통하여 도움을 받음으로 연결되고 결합되어 각 지체의 분량대로 역사하여 그 몸을 자라게 하며 사랑 안에서 스스로 세우는 것이다."(엡 4:16)

사람은 태어나는 순간부터 수많은 과정을 통하여 성장한다. 어떤 일이라도 기초 과정과 숙련 과정을 거쳐야만 장인이 될 수 있는 것과 같이, 영적인 중생의 과정을 통하여 거듭난 그리스도인이 성장 과정을 통하여 성화와 그리스도인의 완전(Christian Perfection)을 이루는 것은 당연한 일이다. '이러한 성장의 마디들을 무엇으로 할 것인가?', '그 방편은 무엇인가?'를 찾아 내야 할 것인데, 웨슬리는 속회와 밴드와 선발 신도회(Select Band)를 통하여 성취하고자 했던 것이다.

4. 공동체와 교회 성장

토인들의 속담에 이런 말이 있다. '한 자녀를 제대로 키우기 위해서는 한 마을이 필요하다.' 이 말은 자녀 하나를 훌륭히 키우기 위해서는 하나의 가정만으로는 부족하다는 뜻이다. 즉, 더 큰 조직적인 단체가 필요하다는 것이다. 웨슬리는 이러한 점을 잘 알고 있었다. 그래서 성도들을 개체로 두지 않았다. 그들의 신앙 수준에 따라 좀 더 발전적인 단체를 만들어 끊임없이 영적 성숙을 위해 나아가도록 이끌었다. 신앙 성장에서 가장 경계해야 할 문제는 개인적 이기주의다. 주님의 몸인 공동체 안에서 한 지체로서의 존재 의미를 깨닫게 된다면 주고받는 도움을 통하여 성숙해져 가는 돌봄의 공동체 의식도 함께 자라야 하는데, 개인적 이기주의는 이것을 파괴하고 들포도를 맺게 하기 때문이다.

오늘날 교회 성장학에서는 한 사람의 목회자가 지속적으로 목회하는 것이 교회가 성장하는 비결이라고 하지만, 웨슬리는 그렇게 생각하지 않았다. 웨슬리는 경험을 통해 사람들이 한 설교자에게서 받는 것보다 여러 설교자에게서 받는 유익이 성화를 위해서는 더 큰 것을 알게 되었다. 그리고 한 목회자에게서만 양육받는다면 그 목회자가 우상이 될 위험성이 있음도 알았다. 무엇보다 양적으로는 성장할 수 있을지 몰라도 질적으로 건강하게 성장하는 데는 한 지도자보다는 다양한 지도자를 통해 가르침을 받아야 한다는 것을 알았다. 이는 마치 온 몸이 각 마디를 통하여 도움을 받음으로 결합하여 몸이 자라고 스스로 세울 수 있는 것과 같은 것이다. 즉, 한 사람의 설교만으로는 온전한 성장에 한계가 있다는 것이다. 그래서 웨슬리는 한 설교자가 같은 교구에 2년 이상 머물지 못하게 하였다. 즉, 목회자들에게 있는 서로 다른 달란트를 성도들이 골고루 먹음으로 온전히 성장하도록 한 것이다.

그와 동시에 웨슬리는 성도들 스스로 영적 책임 의식을 가지고 같이 성장하도록 만들었다. 개인주의적인 성장이 아니라 같이 성장하도록 하였다. 영적 수준에 따라서 다양한 그룹을 만들어 계속적인 성장을 지향하도록 한 것이다. 웨슬리 세대의 소그룹으로써 마지막 단계의 소그룹 단체는 선발 신도회였다. 이 조직의 회원은 그리 많지 않았다. 잘해야 각 밴드에서 1~2명 정도 선발될 정도였다. 그래서 이 조직은 웨슬리 사후에 곧 없어지고 말았다. 이 그룹을 이끌어 갈 특별한 지도자가 없어서 사라진 것이 아니라, 이 그룹에 들어갈 만한 영적 성숙함을 갖고 있는 성도들이 많지 않았기 때문이라는 생각이 든다. 지금 이 그룹이 없다 하더라도 웨슬리가 완전을 위해 끊임없이 추구하고자 했던 정신까지 잃어서는 안 된다. 선발 신도회가 오늘날 우리들의 교회에서 다시금 재현되길 소망해 본다.

8

참회자반 Penitents Class

1. 참회자반의 목적

"참회자반은 밴드에서 '믿음의 파선을 일으킨 자들'(made Shipwreck of the Faith)을 따로 구별하여 제 교육을 시키는 그룹이었다."고 베이커(F. Baker)는 말한다. 핸리 디. 랙(Henry D. Rack)은 1744년 연회 기록을 보면 정확한 대상을 알 길이 없다고 지적하나,[34] 그도 참회자반 회원은 밴드에서 낙오된 자들이라고 인정하고 있다.[35] 참회자반에 속한 자들은 비록 믿음이 파선되어 재교육이 필요한 이들이긴 했지만, 여러 가지 수모를 이겨 내고 다시 믿음을 회복한 것을 보면 대부분이 기본적인 믿음을 가지고 있던 밴드 회원일 것이라는 베이커 말이 타당하다. 그리고 실제로 밴드는 속회와는 다르게 엄한 훈련을 요구했기에 회원들이 낙오하는 경우가 발생했고, 속회는 교제 중심이었기에

---

34) Henry D. Rack, *Reasonable Enthusiast*, p. 240.
35) Henry D. Rack, *Reasonable Enthusiast*, p. 239.

신앙적인 낙오자가 생기는 경우가 많지 않았다. 이런 차원에서 참회자반의 회원은 신앙에서 낙오된 밴드 회원이라고 주장하고 싶다.

오늘날 교회에서 이렇게 엄한 징계나 또는 따로 구별하여 신앙 지도를 한다면 미친 짓이라고 생각할 것이다. 사랑이 없는 목자라고 말할 것이다. 그 결과 무늬만 그리스도인들을 양산하였고, 온갖 사회적인 타락과 부패의 현장에 어김없이 기독교인들이 자리를 차지하게 되었다. 웨슬리는 성도들을 훈련하고 성화로 이끌어 올리는 도구로 속회를 사용하였지, 단순히 관리하는 차원에서 이끌었던 것이 아니다. 참회자반에서 신앙 훈련을 하고 진정으로 참회하여 전보다 훨씬 강한 믿음을 갖고 더 조심하고 온유하고 겸손하게 바뀌면, 다시 속회로 들어갈 수 있도록 하였다. 이처럼 목회자의 분명한 철학과 방향이 있는 목회는 건강하게 되고 성장하지 않을 수 없다. 우리는 '이러한 웨슬리의 정신을 어떻게 우리 속회에 적용할 것인가?' 고민해야 할 것이다.

2. 참회자반에 대한 적용

한 시대에 어떤 사람이 목회를 하거나 사역을 할 때 그 사람이 지니고 있는 영성과 신학적인 가치관에 따라 목회의 방향이 달라진다. 그것은 또한 하나님의 구속사적인 관점에서 볼 때 그 시대에 맞는 도구일 것이다. 웨슬리 역시 그만의 독특하고 철저한 조직과 규칙을 적용하여 목회하였는데, 중세기 수도원의 영적 생활을 가장 이상적인 신앙으로 보았다. 실제로 메도디스트들은 세속적 수도원 생활(Secular Monasticism)

을 한 성자들이었다. 그들은 그리스도의 명령에 완전히 복종하였고, 그리스도의 마음을 가지고 주님께서 걸으셨던대로 걸으면서 하나님과 이웃을 온전히 사랑하는 데 전력을 다하였다. 웨슬리 사람들 중에 성자의 길을 걸었던 사람은 40여 명이나 되었다.

그렇다면 이러한 차원의 맨 밑바닥에 있다고 볼 수 있는 참회자반을 오늘날에 어떻게 적용할 수 있을까?

단순히 웨슬리가 해 본 것으로 인정하고 말기에는 너무나 아깝다. 어느 교회든지 성도들의 구성 비율을 보면 폴 틸리히가 말한 것이 옳다. 10%는 열심 있는 그룹이고, 10%는 말썽만 부리는 그룹이며, 나머지 80%는 잠자는 그룹이라는 것이다. 속회를 들여다보아도 대부분의 교회들이 관리 속회에 머물러 있기 때문에 건강한 속회는 얼마 되지 않는다. 우리는 몸 속에 있는 실핏줄 하나만 막히거나 터져도 반신불수가 되는 고통을 겪는다. 그 상처가 주는 아픔은 당해 보지 않은 사람들은 얼마나 큰지 모른다. 무엇보다 마음의 상처가 크다. 교회는 유기체적인 공동체이므로 이러한 문제를 심각하게 진단하고 처방해야 한다. 방관하거나 방치한다면 교회 성장은 멈출 수밖에 없다.

그러면 목회자들이 엄한 징계를 몰라서 참회자반 같은 것을 못 만드는가? 아니다. 문제는 교회들이 많아지면서 이 교회가 아니라도 교회는 얼마든지 있으니 내 맘대로 선택해 다니겠다는 쇼핑몰적인 사고 구조가 생겼기 때문이다. 또한 성도들의 개인주의와 변화와 훈련을 싫어하는 데서 오는 문제와 성장 콤플렉스에 걸려서 스트레스를 받고 있는 목회자들이 한 명이라도 떠나는 것을 두려워하기 때문이다. 문제는 그

뿐이 아니다. 지도자들의 안일주의와 '문제를 건드려서 시끄럽게 할 것이 무엇인가? 그냥 편하게 목회하면 되지' 라는 구태가 빚어 낸 문제들이 복합적으로 작용하기 때문이다.

이제 우리는 웨슬리의 용기를 배워 스스로를 잘 돌봄으로, 충분히 준비하여 새로운 패러다임으로 나아갈 때가 되었다. 참회자반을 '회복 그룹' 으로 활용하여 질적인 성숙으로 나아가야 한다. 돌봄의 사역 구조로 나가서 징계와 훈련을 지속적으로 활용하고, 성숙함으로 나가는 프로그램을 적용해야 한다. 성장하는 교회는 요란한 것을 두려워하지 않는다. 문제를 창조적으로 활용하고, 성장의 기회로 삼아야 한다. 분명한 목회 철학과 방향을 가지고 설득하고 프로그램을 운영한다면, 반드시 교회의 체질이 바뀔 것이고 성장의 축복을 주실 것이다.

교회 안에 '회복 그룹' 을 운영하되 오해가 없도록 그룹의 목적을 잘 설명하고, 말씀과 기도와 축복으로 이어지는 방향으로 구성하여 잘 이끈다면 큰 성과를 얻을 수 있다. 오늘의 시대적인 트렌드(Trend)가 개인주의를 지향하기 때문에 NQ 지수(공동체 지수)가 부족하다. 함께 하는 것이나 협력하는 것을 싫어하는 경향이 강하다. 그러므로 교회는 공동체성과 프로그램을 중요하게 여기고, 교회 안의 작은 교회인 속회를 관리 속회에서 돌봄 속회로 전환해야 한다. 성도들이 속회를 싫어하는 이유는, 매력이 없고 은혜가 되지 않으면서 부담만 주기 때문이다. 좀 더 구체적이고 세심한 돌봄과 상호간의 친밀성을 고려한 속회가 필요하다. 돌봄에는 칭찬만 있는 것이 아니라 책망도 있다. 책망하지 않는 부모가 어디 있겠는가? 속장이 부모의 마음으로 속회원들을 돌본다면 책망도 하나의 사랑으로 여기게 될 것이다. 오늘날 한국 교회들이 잃어버린 책망의 바른 정신을 회복하는 것이 진정한 교회 회복을 이루는 길이기도 하다. 웨슬리의 참회자반은 바로 이런 정신으로 운영되었고, 오히려 이로 인하여 신도회가 더 체계적으로 이끌어질 수 있었다.

9

속장론 CM Leadership[36]

1. 평신도 사역자

우리는 일반적으로 평신도와 목회자의 구별을 안수(Ordination)에 두고 있다. 그러나 안수받은 것을 권력을 받은 것으로 이해하지는 않는다. 오히려 종의 길을 걷고자 하는 헌신에 대한 결단을 교회에서 공식적으로 인정해 준 인증서라고 할 수 있다. 아무리 안수를 받았다 하더라도 자신의 소명에 대한 헌신을 바로 하지 않고, 오히려 자신의 직무에 대한 권위 의식에 빠져 주님의 양들을 흩어버린다면 이 안수는 축복이 아니라 저주임에 틀림없다.

웨슬리도 평신도와 목회자의 구별을 철저히 하였다. 그래서 평신도 지도자에게는 성찬의 집례에 대한 권한을 절대 주지 않았다. 이런 의미

---

36) CM은 Class Meeting의 약자다. 속회에 대한 새로운 표기로 우리 교회(북수원교회)에서는 '씨엠'이라고 부르기도 한다. 그리고 속장을 '씨엠장'이라고 부른다.

에서 웨슬리는 전통적인 방법을 무시한 지도자는 아니었다. 그러나 이 것은 어디까지나 직무상의 구별이지 사역상의 권위적인 구별로써 구별 한 것은 아니었다. 그래서 웨슬리는 당시에는 있지 않았던 평신도 사역 자를 대폭 받아들여 설교 등 목회 사역을 하는데 공동 사역을 하였다.

물론 처음부터 평신도 사역자를 받아드릴 용의를 갖고 있었던 것은 아니다. 웨슬리가 평신도 사역자를 받아 드린 이유는 크게 두 가지다.

첫째는 평신도도 복음을 전하는 데 소명을 받을 수 있다는 것을 알 았기 때문이다. 어느 날 웨슬리는 순회 설교를 하기 위해 파운드리 신도 회를 잠시 비워야 했다. 그래서 자신의 믿음의 아들인 막스필드(Thomas Maxfiled)에게 신도회의 관리를 부탁했다. 그것은 목회적인 설교를 부탁 한 것이 아니라 관리 차원이었다. 그런데 돌아온 웨슬리는 막스필드가 신도회에서 설교까지 하였다는 말을 듣고 아주 분노했다. 웨슬리는 영 국 성공회의 성직자로서 평신도가 설교하는 것은 용납할 수 없는 일임 을 잘 알고 있었기 때문이다. 그러나 어머니 수산나는 그에게 이렇게 조 언했다. "너와 마찬가지로 그는 설교하도록 진정으로 소명받은 사람이 더구나. 그가 맺은 설교의 열매들이 어떤 것인지를 검토해 보고 설교도 직접 들어 보거라." 어머니의 조언대로 한 웨슬리는 최종 판단을 내렸 다. "그분은 바로 주님이십니다. 하나님이 선하게 생각하시는 것을 하게 하십시오." 그리고 막스필드를 최초의 평신도 사역자로 인정하였다. 그 렇다고 웨슬리가 경솔하게 평신도를 사역자로 쓴 것은 아니었다. 철저 한 검증을 통해 임명하였다. 또 사역자가 된 후에도 철저하게 훈련시켰 다. 그러나 그럼에도 불구하고 안수 받은 성직자들은 평신도 설교자에 대하여 아주 거칠게 항의하였다. 그런 성직자에게 웨슬리는 이렇게 응수했다.

"참으로, 우리가 알아야 할 것은 평신도 사역자들이 무식한 사람이 아니라는 것입니다. 본질적이고 실체적이며 체험적인 실천 신학의 시험에 통과하지 못한 사람은 그들 중에 아무도 없음을 나는 믿습니다만, 이런 것을 우리 목사 후보생들이나 또는 대학에서도, (나는 비애와 수치를 느끼며, 동시에 온유한 사랑의 심정으로 이 말을 합니다.) 감당할 수 있는 사람은 거의 없습니다. 그러나, 오! 대부분의 저 지원자들은 얼마나 어려운 시험을 이겨냈는가! … "

"저 세상에서는 어떤 질문이 있을까? 칼빈은 안수를 받았는가? 그는 정회원 목사였는가? 아니면 준회원 목사였는가? 하나님께서 개신교회를 널리 전파하려고 기쁘게 부르신 이들은 역시 대부분 평신도들이 아니었는가? 평신도들의 설교가 아니었다면 도대체 저 위대한 역사가 그렇게 많은 처소에서 전파될 수 있었을까? 교황주의자들까지도 아직까지 개신교회에 대한 반대 이유로 그것을 내세우는 예는 거의 없지 않은가! 이런 일에 가장 엄격한 그들임에도 불구하고, '만약 어느 평신도인 형제가 자신이 선교사로서 설교를 하도록 하나님께 소명을 받았다 한다면 교단의 책임자는 그것에 대한 확인을 한 뒤에 즉시 그를 파송하여야 한다.'고 말을 하고 있지 않은가!"[37]

---

37) 'A Father Appeal to Men to Men of Reason and Religion', *Works*, VIII, p. 221-22.

둘째로 웨슬리가 평신도 사역자를 받아들인 이유는 실질적인 필요성에서였다. 웨슬리의 감리회 운동이 점차 확대되면서 해야 할 일은 너무 많은데 안수받은 성직자들은 많지 않았다. 물론 소수의 성직자들이 도와 주었으나 그들 역시 자신의 임지가 있었기에 바빴고, 대부분의 성직자들은 웨슬리 운동을 반대하면서 외면하였다. 이런 까닭에 평신도 사역자들과 함께 일을 해야만 하는 절대적인 필요성도 웨슬리가 평신도 사역자를 허락한 또 다른 이유가 되었다.

셋째는 평신도들의 적극적인 자세였다. 이전만 해도 평신도들은 자신이 직접 설교를 하겠다는 용기를 감히 내지 못했다. 그러나 성령을 받고 나서 평신도들은 주의 일을 하겠다는 뜨거운 열정을 갖게 되었다. 그래서 적극적으로 자신의 소명에 따라 사역에 동참하게 되었다.

오늘날 목회를 권력으로 이해하려는 사람들이 가끔 있다. 이런 생각을 갖게 되는 뿌리는 우리 민족의 의식을 지배하고 있는 유교적 관료주의다. 억울하면 출세하라는 노래도 있거니와, 성공은 곧 출세하는 것이고 출세라는 개념 자체가 고위 관료가 되는 것이다 보니, 너 나 할 것 없이 오직 성공을 향하여 달려가는 일에 목숨을 거는 것 같다. 우리를 움직이는 동기의 근원에는 무엇이 있을까? 세속화된 우리 자신의 모습에서 읽어낼 수 있는 것이 무엇인지 자신과 마주 서 보지 않고는 진정한 모습을 알지 못할 것이다. 우리는 감투나 직책에 대한 집념을 가지고 있다. 이것이 어디 목회자뿐인가? 평신도 지도자들도 같은 생각으로 담임 목사를 초청할 때 영어로 설교할 수 있어야 한다거나 박사 학위가 있어야 한다는 등의 조건을 붙인다. 그러한 것들이 필요하기는 하지만 가장 중요한 것은 아니라는 것을 알면서도 그런 것들을 요구하는 이유가 무엇이겠는가? 이 모든 것이 복합적으로 작용하여 변질된 목회관을 만드는 것이다.

변질된 목회관은 변질된 목회 패러다임을 가져온다. 많은 목회자들의 의식 속에 혹은 성도들의 의식 속에 이러한 생각이 담겨 있는 한 체질 변화는 어려울 것이다. 목회가 목사의 전유물이 되거나 목사의 능력에만 의존하게 되면 건강한 교회나 성장하는 교회가 될 수 없다. 한 목회자의 영향력은 200명에서 300명 이상을 돌볼 수 없다고 한다. '그렇게 말하는 이유가 무엇인가?' 하고 살펴보면 목회자의 리더십에 문제가 있다는 것을 발견하게 된다. 나 혼자 편하고, 속 썩지 않고, 내 맘대로 목회하고 싶다는 생각에서 출발하는 절대 권력의 또 다른 표현이다. 목회는 내가 하는 것도 아니고, 내 맘대로 해서도 안 된다.

우리에게 있어서 목회의 성공이란 말은 성경적이지 않다. 소명에 관한 것은 '착하고 충성된 종'에 관한 문제이지, 내가 얼마나 많이 성공했느냐의 문제는 성경적인 소명과는 별개의 문제이기 때문이다. 성경적인 단어를 굳이 찾아본다면 '성장'이란 말을 쓰고 싶다. 그리스도의 몸인 교회가 진정으로 살아있다면 교회는 성장하기 때문이다. 그러나 이 성장도 건강한 성장을 말하는 것이지, 기형적 성장을 말하는 것은 아니다. 몸과 마음이 함께 성장하는 성숙한 성장 말이다. 그러나 건강한 성장을 하려면 무엇보다도 골고루 자라야 한다. 머리도 팔도 다리도 골고루 자라야지 가령 머리만 크게 성장한다든지 한쪽 팔만 엄청 성장해 버린다면 오히려 더 이상한 모습이 될 것이다. 또 몸만 어른이 아니라 마음도 지혜도 골고루 자라야 한다. 정신 연령이 부족하지도, 육체의 장애자도 아닌 전인격적인 성장을 해야 한다.

그러면 어떻게 골고루 잘 성장하게 할 수 있을까? 이에 대한 해답은 평신도 사역자에 대한 활용에 있다. 각기 다른 은사를 주셔서 교회를 섬기게 하시는 주님의 음성을 바로 듣고 평신도 사역자들과 같이 주의 일꾼들을 발굴하여 공동 목회를 한다면 교회는 균형적이고 전인격적으로 성장할 수 있다. 캡틴 포이가 그랬던 것처럼 속장은 작은 목자로서 양들의 상황을 정확하게 파악하고 중요한 내용들을 신속하게 담임목사에게 알려 줄 수 있기 때문에 신속하게 문제를 해결할 수 있고 전인격적인 교육을 할 수가 있다.

목양이란 '관계의 신학'이며, 그것은 관심을 가져야 할 순간들을 놓치지 않고 어루만져 주는 것이다. 이것을 '목회 온도', 혹은 '영적 온도'라 부르고 싶다. 필자의 경험으로 볼 때 성도들은 담임목사가 자기에게만 관심을 기울여 주기를 바라는 심리를 가지고 있다. 작은 교회라면 직접 챙기며 보살피는 일이 가능하나 어느 정도 규모가 있는 교회의 경우는 불가능하다. 이러한 한계를 극복하기 위해 목사는 속장을 활용해야 한다. 속장들의 신속하고 구체적인 보고를 통하여 알게 된 내용을 담임목사가 알아주기만 해도 성도들은 감격해한다. 속회원들에 대한 정보를 많이 가지고 있을수록 돌보는 일은 쉬워지고 보고하는 것도 빨라진다. 이런 의미에서 평신도 지도자인 속장은 목회자가 교회를 건강하게 성장시킬 수 있는 최고의 어드바이저(Adviser)이면서 파트너다. 이에 본 장에서는 속장의 중요성과 사명, 활용에 초점을 맞추어 열거해 보겠다.

2. 속장의 역할(Role)

속장은 작은 목자이면서 목회자의 목회 파트너가 되어야 한다. 속회의 성장은 교회 부흥의 원동력이기 때문에 그 중심에 있는 속장은 너무나 중요하다. 그러므로 속장론을 피력하면서 좀 더 정성을 드리고 싶다. 웨슬리 속회의 원형과 오늘의 속회 부흥을 어떻게 이끌어 갈 것인가에 대한 역사의 강을 오가며 목회적인 차원에서 접근하고자 한다.

첫째 속장은 작은 목자다. '교회 안의 작은 교회'의 차원에서 볼 때 속장이 작은 목자라는 것은 분명한 사실이다. 비록 평신도라 할지라도 속장이 해야 할 일은 목회적인 임무로 돌봄을 하도록 주어졌다. 그들에게 주어진 두 가지 임무에 대해 웨슬리는 처음 속장을 임명할 때 가르쳐 주었다.

1. 속장은 자기 속에 속한 각 사람을 최소한 일주일에 한 번씩 만나보고, 그들의 영혼이 어떻게 잘 되고 있는가를 알아보며, 필요한 경우에 충고하고 견책하고 위로하거나 권고하며, 가난한 자들을 구제하기 위해서 그들이 기꺼이 내고자 하는 것을 받는다.
2. 일주일에 한 번씩 신도회의 성직자와 관리 집사(Steward)를 만나서 성직자에게는 병든 자, 무질서하게 행하는 자, 견책을 듣지 않으려고 하는 자를 고하고, 관리 집사에게는 그들이 지난 주간에 속회에서 걷은 것을 납부하고 각 사람이 헌납한 것에 대한 기록을 그에게 보여 준다.[38]

---

38) 데이빗 왓슨, 한경수 역, *이것이 속회다*(주안교회 출판부), p. 164.

초기의 속장 사역을 살펴보면 목자의 기능과 역할을 얼마나 잘 활용하고 실천했는지 볼 수 있다. 비록 두 가지의 규범을 기록하고 있지만, 오늘의 속장들이 이렇게만이라도 한다면 속회는 분명 부흥할 것이다.

목자론에 대한 것은 예수님께서 베드로에게 대위임 명령을 내리실 때 "네가 나를 사랑하느냐?"라고 물으신 물음 속에 목자가 되기 위해 먼저 준비해야 할 것이 무엇인지 말씀하고 계신다. 목자로서의 속장이 가장 먼저 관심을 가지고 준비해야 하는 것은, 영성적인 차원이다. 사랑의 영성은 예수님이 이 땅에 오셔서 보여 주신 선한 목자의 모델이다. 사랑이 동기가 되지 않는다면 목자의 길을 갈 수가 없다. 선한 목자는 양을 위해서 기꺼이 자신의 목숨까지도 희생한다. 우리는 사랑을 너무나 추상적으로 이해하거나 감성적으로 생각한다. 주님께서 베드로에게 처음두 번은 '아가파오'로 물으시고 세 번째는 '필레오'로 물으셨다. 우리의 목자 되신 주님이 이 땅에 오신 것은, 찾아가시는 사랑을 몸소 보여 주신 것이었다. 아가페적인 사랑의 모습은 찾아가는 것이다. 오기를 기다리는 목자는 권위적인 사랑이지 아가페적인 사랑은 아니다. 예수님의 성육신(Incarnation)적인 사랑은 보좌를 버리고 낮아지고 찾아오신 사랑으로, 목자가 어떻게 양들을 돌보아야 할 것인가를 보여 주신 사건이다. 따라서 당신이 작은 목자라면 오기를 기다리지 말고 찾아가는 사랑의 수고를 아끼지 말아야 할 것이다.

관리 속회의 가장 큰 문제 가운데 하나가 속회원들이 오기만을 기다리는 수동적인 리더십 때문에 양들이 모이지 않고 흩어지는 것이다. 주님께서 베드로의 심중을 아시면서도 두 번씩이나 아가페적인 사랑으로 다그치신 것은, 진정한 목자의 길을 가고자 한다면 주님을 사랑하는 마음처럼 주님이 맡기신 양들을 사랑으로 양육해야 한다는 사실을 가르쳐 주시고자 함이었다. 여기서 말하는 사랑은 돌봄의 사랑으로, 어머니의 사랑과 비교할 수 있다. 돌봄의 사랑은 전인적이다. 살아 남기 위한 기술을 가르치는 것이 아니라 자식의 인격과 꿈과 미래를 생각하며 돌보고 가르치고 책망하고 용기 주고 격려하여 성숙한 한 인재를 만드는 것이다.

속장은 속회원들을 이러한 돌봄의 사랑으로 성숙한 그리스도인의 성화를 이루는 성도들이 되도록 지향해야 한다. 웨슬리는 속장의 직무 중에서 '속장은 자기 속에 속한 각 사람을 최소한 일주일에 한 번씩 만나보라'고 기록하고 있다. 속회원 한 사람 한 사람을 만난다는 것은 찾아가지 않고는 만날 수 없는 것이다. 하나님을 뜨겁게 사랑하는 마음이 아니라면 이기적이고 자기중심적인 우리들이 남을 위해 시간을 내어 찾아가서 돌본다는 것은 불가능하다. 주님께서 베드로에게 요구하신 것도 아가페적인 사랑의 근본이 희생을 바탕으로 가능한 것이지 너의 결심이나 감정이나 생각만으로는 할 수 없는 것이라는 것을 전제하고 말씀하신 것이다.

3. 속장으로의 소명(Calling)

양을 치는 나라의 목자 구조를 살펴보면 목자장이 있고 그 아래 목자보(작은 목자)가 있으며 목견이 있다. 목자보는 대부분 가난한 집 아이들로, 아직 정식 목자가 되기에는 부족한 이들이다. 저녁이 되어 어느 빈 들의 동굴이나 장소에서 하룻밤을 유숙하려고 할 때 목자는 목자보들에게 양들을 지키도록 한다. 일교차가 심한 광야에서 한밤을 지내는 일은 쉽지 않다. 옷과 이불을 겸한 외투가 필수적인데 가난한 이들에게 낙타 가죽으로 된 외투는 구하기가 어렵다. 그래서 목자보들은 추운 밤을 따뜻하게 자기 위해 양들 틈에서 잔다. 이러한 과정을 통해 얼마의 삯을 받아 생계를 유지하면서 훈련을 받고 성장하면 정식 목자가 된다.

속회 구조로 말한다면 부속장으로서 훈련받고 분속하여 속장이 되는 것과 같다. 경험이 부족하거나 목자에게 인정받지 못하면 정식 목자로 승격하기가 어렵다. 왜냐하면 목자가 된다는 것은 양의 생명을 책임지는 것으로 양 한 마리의 가치는 재산상 중요하기 때문이다. 이것은 청지기의 개념으로, 누가 자기 재산을 아무에게나 맡기겠는가? 신실하고 정직하고 능력이 있어야 하지 않겠는가? 요즘 속회에서는 속장에 대한 철학이나 개념이 너무나 추상적이고 명목상의 관리자에 치우쳐 목자로서의 능력을 발휘하지 못하는 것을 본다.

목자가 된다는 것은, 프로(Professional)의 정신을 갖는 것을 의미한다. 앞에서도 소개했지만 이스라엘에서 뛰어난 목자의 조건은 물 냄새를 잘 맡고, 방향을 잘 찾으며, 내 양을 지키고 보호하는 것에 전사적이고, 분명한 철학이 있어야 한다. 다윗은 어린 소년이었지만 이러한 조건을 다 갖춘 목자였기에 사자도, 곰도, 심지어 골리앗까지 죽일 수 있었다. 이러한 모습을 지켜보신 하나님께서 "또 그의 종 다윗을 택하시되 양의 우리에서 취하시며 젖양을 지키는 중에서 그를 이끌어 내사 그의 백성인 야곱, 그의 소유인 이스라엘을 기르게 하셨더니 이에 그가 그들을 자기 마음의 완전함으로 기르고 그의 손의 능숙함으로 그들을 지도

하였도다."(시 78:70~72)라고 성경에 기록돼 있다.

정식 목자는 양들의 이름과 그들의 특성까지 잘 파악하여 우리(울타리)에 들일 때마다 이름을 부르고 어루만지면서 격려한다. 양들은 목자의 손길을 느끼면서 마음의 안정을 얻고 어느 곳에서든지 평안히 보낸다. 때로 목자들은 목자보들에게 양을 치도록 맡기는데, 그러나 목자보들은 아직 양들의 특성이나 이름을 제대로 알지 못하기 때문에 양들이 불안해하며 말썽을 부리기도 한다. 이때 그들을 돕기 위해 목견을 사용한다. 목견에도 수준이 있다. 신출내기는 양들을 몰아도 방향이나 목자의 뜻을 알지 못하고 저 혼자 뛰면서 쫓아다니고 짖기 때문에 양들이 더 놀랜다. 반면 훈련된 목견은 목자의 의도를 알아차리고 흩어지는 양들을 목자의 방향으로 노련하게 짖으며 몰아간다. 그러나 최고의 목견은 짖지도 않으며 양들이 흩어지거나 잘못된 방향으로 갈 때 미리 앞서 가서 눈빛으로 제압하여 양들이 제 길로 가도록 한다. 이런 목견은 양들의 마음까지 들여다보고 목자의 의중도 알고 몰아가는 방법도 알면서 양들이 놀래지 않도록 한다. 이 정도 되는 목견이라면 최고의 목견이라고 할 수 있다.

목자는 태생적으로 태어나는 것이 아니라 훈련으로 만들어지는 것이다. 어느 교회든지 훈련된 속장은 많지 않다. 그 이유는 목자로서의 훈련을 받지 않았기 때문이며, 속장 훈련의 구체적인 매뉴얼이나 방법을 모르기 때문이다. 우리 나라 교회들의 부흥 역사를 더듬어 보면, 60년에서 82년까지 속회 부흥이 획기적으로 일어났다. 그와 더불어 부흥운동의 주역을 감당했던 부흥사들의 역할이 컸다. 그러나 아쉬운 점은 일찍이 웨슬리 목사의 경험이나 초기 감리교회의 부흥 방법을 간과했다는 것이다. 뛰어난 부흥사요 전도자였던 휫필드가 실패한 것은, 은혜 받고 회심한 이들을 조직을 통해 양육하고 훈련시켜서 증인되게 하는 패러다임을 갖추지 못한 데 있었다. 반면 웨슬리의 성공은 속회라는 조직을 통하여 훈련으로 성장한 속장과 순회 전도자 혹은 평신도 설교자와 같은 사역자들을 많이 배출했기에 가능했던 것이다.

속장을 작은 목자라고 말할 때 목자의 수준이나 질을 평가하는 기준은 무엇인가?

예수님은 베드로에게 목양 위임을 하실 때 "네가 나를 사랑하느냐?"라고 물으심으로, 목자가 양들을 위해 끊임없이 희생하고 돌보는 에너지의 근원이 '사랑'임을 알려 주셨다. "하나님이 세상을 이처럼 사랑하사 독생자를 주셨으니"(요 3:16)라고 하신 것이나 "하나님은 사랑이심이라."(요일 4:8)라고 소개한 사도 요한도 하나님은 사랑이시기에 그 사랑에 감동되고 포로가 된 이들은 사랑의 에너지를 가지고 죽는 순간까지 영혼 사랑에 충성하게 된다고 말한다. 그러므로 하나님 사랑에 눈물 젖어 본 경험이 있는 이들이라면 충성하지 않을 수 없는 것이다.

사도 바울이 그 많은 시련과 고난 속에서도 양들을 위해 넘치는 수고를 한 이유는 무엇이겠는가? 사도 바울의 고백을 들어보면 사십에 하나 감한 매를 다섯 번이나 맞았고, 태장을 세 번이나 맞았으며, 한 번은 돌로 맞았고, 여행 중에 강의 위험과 강도의 위험, 동족의 위험과 시내의 위험과 광야의 위험과 바다의 위험과 거짓 형제의 위험도 당했다. 또한 늘 수고를 많이 했고, 자지 못함과 주리고 목마를 때도 많았으며, 여러 번 굶고, 춥고, 헐벗었다. 게다가 교회를 위해 염려함으로 날마다 그 속에서 눌리는 일이 수차례였다. 그러나 그럼에도 불구하고 그의 마음 속에는 주님 사랑하는 마음이 너무도 크게 자리하고 있었기에 기쁨으로 감당할 수 있었던 것이다. 이처럼 사랑은 발전소에서 공급되는 에너지 같이 지치지 않게 하고 얼마든지 사역을 감당할 능력을 제공한다.

웨슬리와 같이 18세기 영국 교회를 살렸던 조지 휫필드는 복음 전도에 뛰어난 전도자였다. 웨슬리와는 뗄 수 없는 관계의 사람이며, 지금도 웨일즈에 가면 칼비니스트 감리교회(Calvinist Methodist)의 원조로서 맥을 이어가고 있다. 휫필드의 영혼 사랑의 열정이 얼마나 대단했는지 그의 마지막 생의 모습을 보면 알 수 있다. 휫필드가 하나님의 부르심을 받기 하루 전날, 휴식을 취하고 있다가 설교를 부탁받게 되었다. 그의 건강 상태로는 불가능한 상황이었지만 영혼 구원하는 일을 포기할 수 없었던 그는 설교를 하기로 결심하였다. 그때 그의 안색이 안 좋은 것을 보고 한 노인이 "지금 너무 피곤해 보이십니다. 설교하는 것보다 차라리 눈을 좀 붙이시는 것이 좋을 것 같습니다." 하고 말하였다. 그러나 휫필드는 창틀에 앉아서 밤늦게까지 사력을 다해 복음을 전하였다. 그는 설교하기 전에 이렇게 기도했다. "주님, 저는 주의 일에는 단 한 번도 지쳐 본 적이 없습니다. 주의 일에 싫증을 느껴 본 적도 없습니다. 주님, 제가 아직 갈 길을 다 가지 못했다면 저로 하여금 다시 한 번 들판에 서서 복음을 전하게 해 주십시오. 그렇게 복음을 전함으로써 모든 사람을 새 생명으로 탄생시키게 하옵소서. 그 다음에 육신을 떠나 내 본향으로 돌아가게 하옵소서." 설교를 마친 휫필드는 지친 몸을 이끌고 잠자리에 누웠다. 그것이 이 땅 위에서의 마지막 잠자리였다. 그는 자신이 기도했던 대로 마지막 순간까지 복음을 전한 후에 본향인 천국으로 돌아간 것이다.

휫필드는 평소에 적당한 휴식을 취하라는 말을 들을 때마다 "내 존재가 녹슬어 없어지느니 차라리 닳아서 없어지는 것이 더욱 행복합니다."라고 하였다. 무엇이 이들의 마음에 이러한 열정과 에너지를 갖게 한 것일까?

우리가 존 웨슬리를 주목하는 것은, 휫필드가 가진 영혼 사랑의 열정과 복음 전도의 능력뿐 아니라 소그룹인 속회(Class Meeting)를 통하여 전도의 완성인 양육을 실현하였고, 성도들의 신앙을 온전케 하였기 때문이다. 또한 세계를 교구로 삼고 선교의 장을 넓혀 가는데 그가 세운 작은 목자들인 속장들이 얼마나 대단한 능력을 발휘하였는지를 알기 때문이다. 영국과 미국에서 평신도 순회 전도자들이나 설교가들이 바로 훈련된 속장들이었고 그들을 중심으로 교회가 세워지게 된 것이다. 우리 나라에서도 초기의 교회 설립 과정을 보면 몇몇 속회들이 모여 기도회를 시작함으로 교회가 시작된 경우가 대부분이다.

4. 속장의 사명(Mission)

목자로서의 속장의 임무 가운데 가장 기본적이고 중요한 일은, 내양인 속회원들을 아는 것이다. 일반적으로 아는 것을 말하는 것이 아니라 두 차원에서 알아야 한다.

첫째는 속회원들의 인적사항과 환경에 대한 것으로, 선한 목자는 자기 양을 안다고 하신 주님의 목양론에 따라 내 속회원들에 대한 정확한 지식을 가지고 있어야 한다. 사람은 자기의 관심에만 반응하고 행동하게 되어 있다. 그러므로 양들의 처지와 환경이 어떠한지를 알기 위해서는 적극적인 관심을 갖고 접근해야 한다. 또한 이 일은 속회원들에게 '저 속장님이 진심으로 나를 돌봐 주려고 하는가 보다.' 하는 마음을 갖게 만든다.

몇 년 전, 미국에 집회를 갔을 때 일이다. 어떤 성도가 사람들의 이름을 비교적 잘 외우는 나에게 "미국에서 성공하려면 남의 이름을 잘 기억하고 불러주는 것이 중요한데, 그런 면에서 목사님은 미국에서 목회하면 성공할 것입니다."라고 하는 것이다. 이는 자기를 알아주는 것에 대해 사람들이 얼마나 민감하게 반응하는지를 보여 주는 좋은 예다. 속장의 입장에서 오랫동안 한 교회에서 신앙 생활하다 보면 서로를 잘 알기 때문에 자기 속회원에 대해 이미 잘 안다고 생각하고 더 알려고 하지 않는 경향이 있다. 그뿐 아니라 돌보는 문제도 마찬가지다. 자신은 잘하고 있다고 여기고 자기 입장에서만 생각하다 보면 무엇을 어떻게 돌보아야 하는지 모르게 되는 것이다. 당신이 속장이라면 좀 더 구체적으로 파악하기 위해 관심을 가져야 한다. 진짜 양이라면 생긴 모습이나 기억하고 이름이나 불러주면 될 일이지만, 사람은 하루에도 수많은 일을 겪고 가족 관계나 사업 등 관심 분야와 관계를 자신과 동일시하기 때문에 돌보는 사람은 같은 관심을 가져야 한다. 그러므로 생일이나 결혼 기념일, 혹은 자녀들 문제나 건강 문제 등 다양한 부분에서 많이 알게 된다면 더 잘 돌볼 수 있게 될 것이다.

다음으로 알아야 하는 것은 체험적으로 아는 것이다. 객관적인 사실들을 아는 것은 단번에 알 수 있지만, 체험적으로 아는 것은 함께 살아보고, 나누고, 동행함으로 아는 것이기에 이것은 시간이 필요하다. 인간관계의 발달 과정을 보면 대부분 이러한 패턴을 가지고 있다. 맨 처음 누구를 만날 때는 경계의 단계로 자기 방어를 한다. 두 번째는 호기심의 단계로 탐색하게 된다. 특히 급격한 변화 속에서 살아가는 현대인은 공동체 지수인 NQ 지수가 높지 못하고 개인주의적이고 익명성을 좋아하기 때문에 더욱 그렇다. 세 번째는 선입견의 단계로 자기 나름대로 평가하고 주관을 가진다. 네 번째는 위기의 단계로 부정적인 선입견을 가지면 위기를 맞게 되어 파국을 맞이할 수 있고, 긍정적인 선입견을 가지면 대화의 문을 열 수 있다. 다섯 번째 긍정적인 단계로 발전한다면 만남을 가지게 되고 체험적인 앎의 여정이 시작된다.

프랭크 베이커(Frank Baker)는 "웨슬리 속회에서 가장 중요한 것은 마음으로 하는 뜨거운 교제(Warm-hearted Fellowship)"라고 말하고 있다. 이 말대로 웨슬리 속회에서는 주 안에서 주어지는 진실한 교제가 잘 이루어졌다. 특히 간증(Testimony)을 하는 시간이 있었는데, 이를 통해 한 주간 동안 있었던 일들을 서로 허심탄회하게 나누는 영적 교제를 하였다. 그러면서 속장은 속회원들의 영혼 상태에 따라 권면하고 충고하면서 신앙을 지도했다. 물론 속회 때의 간증은 밴드나 선발 신도회에서 하는 죄의 고백보다는 훨씬 낮은 단계였지만, 이 시간 역시 자신의 생활이나 신앙적인 문제, 죄의 문제들을 형제들 앞에 솔직히 털어놓는 일이었기에 초기 단계의 상호 책임 의식(Accountability)이라 할 수 있다.

속회에서의 간증(Testimony)은 영적 상호 책임을 지는 것으로 삶을 나누고, 고백하고, 충고하고, 함께 성화를 이루어 나가려는 의도에서 시작되었다. 속장은 속회원들의 마음을 열어 자신의 삶을 나누고 고백하게 해야 하는데 서로 간에 신뢰 관계가 형성되어 있지 않다면 마음을 열수 없을 것이다. 많은 가정에서 부모들이 가장 곤혹스러워할 때가 바로 사랑하는 자녀가 자기 말을 잘 듣고 부모 자신도 자녀의 마음을 잘 안다고 생각했는데, 언제부터인지 자식이 골칫덩어리가 되고 도대체 자식의 마음을 알 수 없는 상황이 벌어지는 경우다. 이처럼 접근 방법이나 돌봄이 일방적이거나 체험적인 앎의 과정을 무시한 사랑일 경우는 서로에게 고통일 수 있다.

속장은 지속적인 돌봄의 사랑으로 영적인 리더십을 발휘할 수 있어야 한다. 그러한 리더십을 가져다 주는 것이, 바로 돌봄의 사역을 가능하게 하는 양들에 대한 지식과 체험적인 앎의 과정인 것이다.

5. 속장의 영적 리더십(Spiritual Leadership)

목자로서의 속장에게 영적인 지도력은 매우 중요하다. 웨슬리 속회에서 속장의 위치는 '부목회자', '위임받지 않은 성직자', '영적 경찰관' 등과 같은 말로 표현된다. 웨슬리가 속장에게 기대했던 것은 규율의 분별력과 영적 분별력을 고루 갖추는 것과, 속회 안에서 교제를 통해 속회원들을 제자들로 성장시키는 것이었다. 지도력이 있는 속장이 임명되는 것은 한 신도회 안에서 중요한 발전을 의미하는 것이었다.

목자인 속장의 지도력에 대해 말해 보자. 당신이 속장이라면 어떤 리더십을 가지고 있겠는가? 당신의 지도력이 속회에서 얼마나, 어떻게 나타나고 있는지를 고민해 보아야 한다. 왜냐하면 목자의 지도력에 따라 한 공동체가 살기도 하고 죽기도 하기 때문이다.

목자의 리더십(Shepherd's Leadership)의 첫째는 '듣는 것' (Listening)이다. 어린 아기는 의사 표현을 우는 것으로 한다. 일반 사람들은 아기의 울음소리를 분별해 낼 수 없지만 엄마는 안다. 아기가 엄마의 젖을 빨기 시작하면서부터 아기와 엄마 사이에는 교감이 오간다. 이것은 아이의 성격을 형성하는 중요한 단계로 '신뢰 대 불신'의 갈림길이 된다.

성도들의 신앙도 마찬가지다. 좋은 교회와 그렇지 못한 교회의 차이가 무엇이겠는가? 좋은 교회는 심령의 밭이 다르다. 처음 신앙 생활할 때부터 순종적이고 긍정적인 믿음의 영성이 만들어지고, 그것이 전통으로 이어져 올 때 좋은 교회의 터전이 되는 것이다. 사도행전에서 누가는 "베뢰아에 있는 사람들은 데살로니가에 있는 사람들보다 더 너그러워서 간절한 마음으로 말씀을 받고 이것이 그러한가 하여 날마다 성경을 상고하므로"(행 17:11)라고 기록하고 있다. 베뢰아 교회는 이미 신앙적이고 신사적인 태도와 자세가 좋은 전통으로 만들어진 경우다.

아기의 울음에는 여러 가지 색깔이 있다. 아파서 우는 것과 배가 고파서 우는 것, 그리고 오줌 싸고 우는 것과 졸려서 우는 것에는 분명한 차이가 있다. 이때 엄마들은 아기의 울음소리를 듣고 그들이 전하는 언어를 알아차리고 알맞게 대처한다. 속회원들이 불만이나 의견을 말하거나 혹은 불신앙적인 행동을 할 때, 속장이 어떻게 들어주느냐 하는 것은 매우 중요하다. 사탄은 항상 말을 통하여 사람의 마음을 들여다보기 때문에 속장의 말이 분란의 화근이 되기도 하고 믿음의 폭을 넓히는 계기가 되기도 한다. 리더십의 가치는 문제를 대하는 방법이나 생각하는 방향을 신앙적으로, 신사적으로 응답하도록 유도하고 이끌어 주는데 있다. 만일 당신이 능력 있는 속장이 되기를 원한다면 먼저 잘 들어주고 들어보려는 마음을 가져야 한다.

다윗이 위대한 목자의 능력을 발휘할 수 있었던 것도 양들의 몸짓만 보고도 의중을 알아차려 꼴을 먹이거나, 물가로 인도하거나, 혹은 두려워하는 양들을 어루만져 줌으로 순종하게 만들었기 때문이다. 지도력이 뛰어난 목자는 작은 소리에도 귀를 기울이고 알아차리는 능력이 탁월해야 한다.

목자의 리더십 둘째는 '열정'(Enthusiasm)이다. 지도력은 지식이나 위치, 경험에서 오는 것이 아니라 성령의 능력에서 흘러나온다. 지도력이란 어느 한 부분을 강화시키는 것이 아니라 종합적이고 통전적인 능력이 어우러지는 것이다. 목양적인 목자의 리더십은 양들과 의논하여 풀밭을 찾아 내는 것이 아니다. 물을 찾기 위해 양들에게 물어보는 것도 아니다. 목자는 양을 돌보고 살피면서 동시에 풀이나 물 냄새를 맡으며 가야 할 방향을 찾아 내야 한다. 그래서 웨슬리는 속장의 역할을 '영적인 경찰관'이라고까지 한 것이다.

열정이란 단어의 유래도 엔 데오스(in God)에서 나왔는데, 이는 하나님 안에 있을 때 거대한 저수지에서 흘러나오는 물을 내 논밭에 끌어들여 얼마든지 농사를 짓거나 활용할 수 있다는 뜻이다. 하나님의 사람들은 한결같이 기도의 사람들이자 성령의 사람들이었다는 사실은, 바로 그런 열정의 근원이 하나님께로부터 온 것이었음을 고백하고 증언하는 것이다.

셋째는 '겸손' 해야 한다. 목자로서의 속장은 결코 권위직이나 감투가 아니다. 웨슬리는 이 부분에 대하여 존 크리켓에 대한 조언을 들며 이렇게 피력하였다. "나는 당신이나 어떤 설교자가 속장이 되는 것을 적극적으로 금하는 바입니다. 오히려 각 속에서 가장 보잘것없는 사람을 그 속의 속장으로 세우도록 하십시오."

웨슬리의 의도가 무엇이겠는가? 속장의 기능에 대해 많이 오해하는 것 가운데 하나가, 말씀을 가르치는 것으로 자기 의무를 다 했다고 생각하는 것이다. 오늘날 목회자들이 속장으로 세울 만한 사람이 없다며 고민을 말하는 것 역시 가르칠 만한 사람이 없다는 뜻이다. 그러나 웨슬리 속회에서 설교보다 중요한 것이 돌봄이고, 섬김이라는 것을 보여 주는 예가 바로 이 서신에 나타난 대로 가장 보잘것없는 사람을 속장으로 세우라는 충고다.

넷째는 '실천' 이다. 속장은 먼저 실천으로 몸소 보여 주어야 한다. 설교만 하고 자신이 실천하지 않는다면 속장의 리더십에 자질이 없다. 웨슬리가 가장 관심을 가지고 적용한 것은 '실천적 신앙'(Practical Divinity)이다. 강단에서 설교하는 것보다 직접 가난한 이들을 찾아가 격려하고, 돌보고, 고아원을 만들어 아이들을 교육하고, 학교나 약을 나누어 주는 뉴 룸(New Room)을 만들어 새로운 교회 모델을 보여 주면서 복음을 생활과 현장에서 실현하는 살아 있는 성육신의 신앙을 실천한 것이다. 이러한 맥락에서 속장은 단순히 설교나 하고 관리하는 것이 아니라 스스로 부족함을 알고 겸손히 남을 돌보고 섬기는 영성을 가진 사람이어야 한다. 잘 모르는 부족한 사람이라도, 그런 성품을 가진 이들이 오히려 속장에 적합하다고 본 것이다. 이 부분에서 웨슬리가 지향한 진정한 속장의 자세나 자격이 우리들이 생각하는 것과 많은 차이가 있음을 발견한다.

다섯째는 '교제'다. 속장의 리더십은 교제를 끌어 내야 한다. 웨슬리의 속회 모델은 초대교회 가정 공동체였다. "그들이 사도의 가르침을 받아 서로 교제하고 떡을 떼며 오로지 기도하기를 힘쓰니라."(행 2:42) 속장은 교제를 이끌어 내야 한다. 진정한 교제는 마음과 마음이 열리고, 삶을 함께 나누며, 서로 영적으로 책임지는 존재가 되는 것이라고 할 수 있는데, 웨슬리는 이것을 상호 책임 의식(Accountability)이라고 하였다.

웨슬리는 속회(Class Meeting)보다 성화된 그룹을 밴드(Band)라고 하였다. 밴드는 말 그대로 묶어 주는 것이다. 공동체를 하나로 묶을 수 있는 것이 무엇이겠는가? 단순히 모여서 예배를 드리는 것으로는 마음을 열어 하나가 될 수 없다. 성령이 역사하는 것은, 말씀을 듣고 마음에 찔림을 받은 사람들이 죄를 고하고 회개할 때 성령을 선물로 주시는 것이다. 그러므로 우리의 문제를 내놓고 고백하며 그것을 함께 나누며 용서하고 권면하고 책망하면서 하나 된 공동체가 될 때 성령 안에서 하나 되는 밴드가 되는 것이다.

목자는 양들을 앞에서 이끈다. 신출내기 목견은 뒤에서 짖으며 쫓아다닌다. 그것은 양들을 불안하게 하고, 오히려 흩어버리는 결과를 만든다. 속장이 말씀을 가르친다는 명목으로 속회원들을 책망하고 가르치려고 한다면, 속장 자신이 철저하게 말씀대로 살지 않는 한 오히려 속회원들을 흩어지게 하고 말 것이다. 그러므로 목자로서의 속장은 자신이 먼저 삶의 고백을 하고 나누어야 한다. 이것이 앞에서 이끄는 방법이다. 속장과 부속장이 먼저 자신을 열어서 고백하면 양들도 그대로 따라하기 마련이다. 이것이 교제이며 고백을 끌어 내는 방법이다.

교제에 있어서 떡을 떼는 일은 중요하다. 한국 교회에서 속회를 말할 때 네 가지로 말하는데 첫째는 '무리 속'(屬)의 속회로, 한 무리의 공동체로서의 속회요, 둘째는 '묶을 속'(束)으로, 채소 한 묶음을 한 속이라고 하는데, 순수한 우리말이다. 셋째는 '속할 속'(贖)으로, 구속받은 공동체의 모임을 말한다. 넷째는 '한 솥 안의 음식 속'(?)으로, 음식을 함께 나누어 먹는 공동체를 말한다. 사도행전의 원시 공동체에서 '떡을 떼며'라고 말할 때는 성찬의 의미였지만 단순한 성찬이 아니라 교제를 위한 애찬도 포함되어 있었다. 웨슬리는 속회를 통해서 진정한 영적 교제가 있었던 초대교회의 친교를 회복하려고 했다. 따라서 속장은 자신의 리더십을 십분 발휘하여 하나님과 성도들 간의 교제는 물론 성도와 성도들 간의 교제도 이끌어야 한다.

6. 영적인 경찰관으로서의 속장(Spiritual Policeman)

웨슬리는 속장을 '영적인 경찰관'이라고도 표현하였다. '영적인 경찰관'으로서의 속장을 말할 때 웨슬리는 무엇을 생각했을까?

웨슬리 당시 브리스톨에서는 굉장한 성령 운동이 일어났다. 웨슬리가 설교할 때도 사람들이 넘어지는 현상이 많이 나타났고 진동, 예언, 신유, 기적들도 많이 나타났기에, 주변에서는 웨슬리의 성령 운동을 곱지 않은 시선으로 보았다.

브리스톨 성당(Bristol Cathedral)의 버틀러(Butler) 주교 같은 이는 웨슬리에게 정면으로 이 문제를 가지고 도전하였다. 자신의 교구 안에서 교구민들을 혼란시키지 말도록 충고하였고, 그것은 성령의 역사가 아니라고 하였다. 그러나 웨슬리는 이러한 현상들은 결코 악령의 역사가 아니며 이들의 생활이 어떻게 변하고 거듭난 그리스도인들이 어떻게 달라지는가를 보라며 버틀러에게 당당히 맞섰다. 웨슬리는 성령의 역사에 대하여 늘 검증하였다. 한번은 프랑스에서 건너온 신비주의자들인 프랑스 예언자들(French Prophets)이 집회 때 방언도 하면서 많은 신비적인 일을 하게 되었다. 그러자 초기 감리교인들도 그들의 집회에 많이 참여하였다. 그들에 대한 소문이 안 좋았으나, 웨슬리는 경솔하게 비판하지 않았다. 직접 참석하여 확인하고 조사한 다음, 이 단체의 문제점을 발견하고는 이들과 결별하도록 하였다. 웨슬리는 감리교인들이 신비주의나 광신자가 되지 않도록 주의를 주었으며 항상 건강한 성령 운동을 강조하도록 지도하였다. 이처럼 속장들도 영적 경찰관으로서 속회원들의 영적 상태와 삶의 환경까지 잘 관리해야 한다.

속회 안에서 일어나는 많은 신비적인 현상들에 대해 속장은 속회원들을 잘 지도해야 한다. 성령의 역사를 방해하는 것이 아니라 성령의 역사가 더 일어나도록 장려해야 한다.

　웨슬리 때는 속회 모임에서 기도하는 중에 신비적인 현상들이 많이 일어났다. 진동, 넘어짐, 입신, 환상, 꿈, 예언, 신유, 축사 등 속회원들은 다양한 신비적 현상을 경험했다.[39] 가령 웨슬리의 최초의 복음의 아들인 토마스 맥스필드(Thomas Maxfield)는 웨슬리의 설교를 듣고 비명을 지르며 땅바닥에 몸을 뒹굴기까지 할 정도로 뜨거운 성령의 은혜를 체험했다. 그러나 그는 극단적 종말론과 완전론에[40] 빠져서 웨슬리를 비방하다가 결국은 떠나고 말았다.[41] 이런 현상은 평신도 사역자인 조지 벨(George Bell)에게서도 나타났다. 그는 병든 자를 고치고 환상을 보고 예언을 했다. 나아가 그의 설교는 뜨겁고 강했다. 그래서 웨슬리는 그를 곁에 두고 평신도 사역자로서 파운드리 신도회에서 사역하도록 하였다. 그러나 그 역시 극단적인 완전론과 신비론에 빠져 주님의 재림이 1763년 2월 28일에 임한다는 시한부 종말론에 빠져버리고 결국 웨슬리와 대적하게 되었다.[42] 때로는 많은 사람들이 수많은 신비 현상과 혼란에 현혹되는 경우도 있었다. 그래서 웨슬리는 속장들로 하여금 영적인 경찰관으로서 철저하게 보고할 것을 요구했다.[43] 속장은 자기 속회에서 이런 현상들이 나타나면 바로 보고를 했고, 웨슬리는 그에 대해 영적인 분별을 했다. 그 결과, 이런 신비적인 현상을 바로 잡아 나갈 수 있었다.

---

39) Luke Tyerman, *The Life and Times of the Rev. John Wesley*, pp. 256-268.
40) 'To Thomas Maxfield', *Letters*, IV, p. 192.
41) Ward and Heitzenrater, *Journals and Diaries*, 21:403.
42) Southey, John Wesley, Vol. II(Oxford: OxfordUniversity Press, 1927). pp. 183f; Tyerman, *Life and Times of John Wesley*, II, p. 439.
43) Henry D. Rack, *Reasonable Enthusiast*, pp. 333-342. 랙은 초대 감리교회의 영적 신비 현상과 문제점들을 이 책에서 잘 기록하고 있다.

오늘날 이단들이 활개를 치는 상황에서, 웨슬리의 속장에 대한 자세는 우리에게 매우 중요하다. 현대종교 탁지원 소장의 말에 따르면, 현재 이단에 넘어간 기독교인이 약 250만 정도가 된다고 한다. 천만 성도라고 자랑했던 한국 기독교가 정부측이 발표한 수치(850만)와 차이가 나는 것은 기독교인들을 이단에 빼앗겼기 때문이라는 것이다. 나에게도 이러한 경험이 있다. 전에 목회하던 교회에서 어느 속회원인 집사가 무슨 성경 공부하는 곳에 다닌다는 보고가 들어온 것이다. 자세히 알아보니 무료 성경 공부를 시킨다는 명목으로 교인들을 꾀여 내는 신천지라는 이단 종파였는데, 교도들이 30만이나 된다는 것이었다. 아무리 설득해도 돌아오지 않아 결국 포기할 수밖에 없었다.

속장이 영적인 경찰 역할을 해야 하는 이유가 바로 이것이다. 양들은 10m 앞을 보지 못하는 근시안이다. 때문에 분별력이 부족할 수밖에 없다. 양들이 가진 능력은 목자의 음성이나 채취를 공기로 느끼고 분별하는 것뿐이다. 목자가 양들을 잘 돌보지 못하면 엉뚱한 길로 갈 수밖에 없고, 관심을 기울이지 못하면 다른 이들을 쫓아가게 된다. 속장은 내 속회원들이 어디를 가며, 누구를 만나고, 영적 생활에서 교제가 얼마나 중요한지 알아야 한다. '알아서 하겠지' 하는 자세로 양들을 방관하면 문제가 생길 수밖에 없다. 한편으론 '속장이 그렇게 일일이 간섭하는 것은 인권 침해가 아닌가' 하는 부정적인 생각이 들 수 있다. 개인의 권리를 중요하게 여기는 시대에 그것은 너무 간섭하는 것이 아닌가 하는 생각을 가질 수 있다. 하지만 사랑은 결코 방관이나 방치가 아니며 영적 전쟁을 하는 상황에서 본다면 소극적인 생각들이 영혼을 잃어버리는 결과를 낳는, 또 다른 사탄의 전략이라는 것을 알아야 한다.

웨슬리가 속장을 '영적 경찰관'이라고 한 것은, 질서를 지키도록 훈련시킬 의무가 있음을 말하는 것이다. 속장에게는 성도들의 신앙 훈련을 체계적으로 시켜야 할 사명이 있다. 웨슬리는 체계적인 훈련의 중요성을 어머니 수산나로부터 배웠다. 수산나는 자녀들을 양육할 때 몇 가지 원칙을 가지고 교육하였는데, 그 가운데 하나가 아이들은 만 3세가 되기 전에 고집을 꺾어야 하나님께 순종하는 믿음의 사람이 될 수 있다는 것이었다. 그리고 이를 위해 규칙을 만들어 자녀들에게 지키게 했고, 습관화될 때까지 반복 훈련을 하게 했다. 한번은 웨슬리가 여섯 살 때, 화재로 사택(Old Rectory)이 다 불타고 가족이 구사일생으로 살아난 적이 있었다. 웨슬리 부모는 사택을 다시 짓기 위해 자녀들을 여기저기 친척집으로 보냈는데, 일 년 후 돌아온 자녀들은 엉망이 되어 있었다. 수산나는 심각한 고민 끝에 더욱 철저히, 그리고 구체적인 교육을 하기 시작했다. 화재 사건 전과 한 가지 다른 것은 돌봄의 양육을 시작하면서 하나님께 의지하는 방법을 택했다는 것이다. 웨슬리가 일평생 철저한 규칙과 규범 속에서 살 수 있었던 것은 어머니의 교육과 훈련 때문이며, 스스로 성화를 위한 영적인 경찰관 역할을 위해 영적 일기와 성화 체크를 하고 훈련했기 때문에 위대한 업적을 이루어 낼 수 있었다.

규칙(Methodist)과 훈련(Discipline)은 인간의 타락한 본성이 가지고 있는 나태와 안일을 극복하는 최선의 방법이었다. 따라서 성화를 최고의 가치로 생각하고 사역했던 웨슬리가 감리교도들에게 이를 적용하여 사용한 것은 당연한 귀결이었다. 속장은 바로 이런 영적 경찰관의 임무가 자신에게 주어졌다는 것을 알아야 한다.

7. 목회 파트너로서의 속장(Pastoral Partner)

속장은 아주 중요한 목회 파트너다. 이런 생각은 목회 패러다임 (Paradigm)의 변화다. 일반적으로 목회는 목사의 전유물이며 목회자의 카리스마적인 리더십에 의해서 부흥이 일어난다는 생각들을 가지고 있다. 목회는 목사가 하는 것이고 성도들은 오직 말 없는 헌신과 순종만 하면 가장 좋은 교인이라는 것이다. 목회자들이 이렇게 생각하는 이유는 목사의 위치에 대한 절대성 때문이기도 하다.

이렇게 생각하는 근거는 어디에 있는가? 정확한 신학적인 근거를 제시하기는 어렵다. 그러나 어느 정도 유추할 수 있는 것은 복음이 이 땅에 들어온 후 가난하고 무지하고 소박한 사람들에게 주의 종이라는 위치는 신성과 경외스러움의 대상이 되었다는 것이다. 그래서 목사는 화장실도 안 가는 줄 알고, 그러한 선입견은 절대 순종이라는 도식을 만들게 되었다. 이는 두 가지 부작용을 가져왔는데 하나는 목회자의 권력 남용을 들 수 있다. 다 그런 것은 아니지만 지도자가 바른 길로 가지 않으면서도 순종을 요구함으로 문제를 초래하는 일들이 종종 일어나는 경우를 본다.

목사는 권력자가 아니라 목양자이며, 말 그대로 목자의 마음과 영성으로 돌보아야 한다. 목회자가 자신의 위치를 절대화하려는 생각을 가지면 더 이상 노력을 하지 않게 되는 또 다른 부작용을 낳는다. 목사도 성장해야 한다. 성화를 이루어 가야 하는 것이 당연하다. 지도자는 남보다 먼저 보고, 많이 보고, 빨리 보아야 한다. 위치나 직분에 안주하는 순간 권력을 행사하려는 것이 인간의 본성이고, 그럴 경우 리더십은 영향력을 상실하게 된다. 그리고 무엇보다도 속장이 평신도라고 무시하는 행위는 더욱 더 안 된다. 속장은 목사의 가장 중요한 목회 파트너라는 사실을 알아야 한다.

요즈음 우리는 두 가지 걱정하는 소리를 듣는다. 첫째는 평신도들이 정치 맛에 변질되었다고 하는 것이다. 그런데 그 원인 제공자가 목회자들이며 선거가 문제라고 한다. 다른 한 가지는 목회자들의 수준 저하라고 하는 것이다. 목회자들은 갈 교회가 없다고 난리지만 교회에서는 수준 있는 목회자가 없다고 난리다. 나름 그렇게 말하는 이유들이 있겠지만 그러한 내용들을 일일이 밝히거나 무엇을 꼬집어 비판할 수 있는 문제는 아니기에 더 이상 논하지 않겠다. 그러나 이 모든 말을 광야에서 외치는 소리처럼 들어서 목회자들이 먼저 겸허히 경청하고 각성하여 새로운 변화를 시도한다면 오히려 전화위복이 되리라 믿는다.

속장을 목회 파트너로 인정하고 활용하려고 할 때에 거침돌이 되는 것이 직제다. 인도자나 강사는 직책상 목사의 파트너십(Partnership)보다는 독립적인 존재로 자기 아성을 만들 가능성이 많다. 돌봄과 섬김이 없는 가르침은 오직 가르치는 것으로 속회원들에게 다가가기 때문에 감정의 미묘한 변화에 따라 언제든지 칼로 사용할 수 있기 때문이다. '교회 안의 작은 교회'인 속회를 무엇으로 보느냐 하는 것의 중요성을 강조하는 이유가 바로 이 때문이다.

웨슬리는 교회론을 정의할 때 제도보다는 기능적으로 돌보고, 섬기고, 훈련하고, 전도하고, 교제하는 공동체로 보았다. 때문에 교회에서 성례를 행하고 설교를 듣고 가는 것만으로는 성화를 이룰 수 없고, 진정한 복음적인 기능을 할 수 없다고 보았다. 인도자나 강사의 기능은 제도적인 교회의 연장선상에 놓인 구조일 뿐이다.

한 가지 예를 들어보자. 어느 집에 아기가 있다면 누가 필요할까? 유모인가? 가정교사인가? 가정교사는 학생을 가르치는 기능자다. 그래서 아기를 돌보라고 하면 난감해 할 것이다. '내가 똥 기저귀나 빨려고 이곳에 온 줄 아느냐?'고 반발할 수도 있다. 그러나 유모는 말보다 사랑으로 얼러주고, 먹여 주고, 돌보는 일에 탁월한 능력을 가지고 있다. 사랑의 손길이 필요한 아기에게는 선생보다 유모가 필요한 것이다. 그래서 사도 바울도 선생보다 참된 아비나 유모가 필요하다고 말했다. 유모와 같이 양들의 모든 것을 책임지고 돌보는 마인드와 실천적 리더십으로 활동할 때에 속장은 제 기능을 발휘하며 목사의 목회 파트너십에 동참하게 된다.

8. 관리 속회의 문제(Administered Class)

웨슬리에게 있어서 속회는 성화를 이루는 가장 좋은 방편이었다. 따라서 속회가 단순히 조직 관리 차원의 형태로 머물러 있는 것은 웨슬리의 정신이 아니다. 웨슬리의 속회는 두 가지 점에서 탁월한 성장 마인드를 가지고 있다.

첫째, 태생적으로 웨슬리의 속회는 성장 패러다임의 틀을 가지고 있다. 부모는 자녀들이 조금이라도 더 컸으면 하는 바람을 가지고 있다. 그러나 성장판이 열려 있느냐, 닫혀 있느냐에 따라 일찍부터 성장이 멈추기도 하고, 나이가 들었음에도 계속 성장하기도 한다. 성장판이 이미 닫혀 있다면 아무리 잘 먹고 운동한다고 해도 성장할 수 없다.

관리 속회의 형태는 이미 성장판이 닫혀 있는 한계를 가지고 있다. 성장하고자 하는 열망이 있지만 조직 체계가 더 이상 클 수 있는 가능성을 배제하고 있는 상황에서 성장하기란 어려운 일이다. '세계는 나의 교구다'라는 세계관을 가지고 이 땅에 하나님의 뜻을 실현하고자 하는 우주적인 성화를 꿈꾸는 웨슬리의 정신은 무한한 성장의 패러다임을 가지고 있기에 열려진 성장판의 모습을 하고 있다. 후에 웨슬리는 아르미니안 매거진(Arminian Magazine)을 통하여 사회와 환경까지 아우르는 돌봄의 사역을 하게 된다. 감리교는 웨슬리의 이러한 정신과 구조를 가지고 있음에도 불구하고 웨슬리의 염려처럼 처음 가졌던 교리와 정신, 훈련을 잊어버리고 시대적인 트렌드(Trend)를 따라가는 방법을 택함으로 우리의 보물들을 잃어버리게 되었다.

둘째, 웨슬리 속회의 궁극적인 목표는 성화를 이루는 것으로 관리 속회를 거부하고 있다. 오늘날 속회에서는 규범이나 규칙, 영적 상호 책임 의식(Accountability)을 실천하지 않음으로 성화를 지향하는 방향성을 상실하고 있지만, 웨슬리 속회는 조직 자체 안에 성화를 지향하는 의지가 담겨 있다. 속회(Class Meeting)와 밴드(Band), 선발 신도회(Select Society)는 바로 그러한 의미를 내포하고 있다. 그러므로 웨슬리 속회는 성화를 지향하는 방향성이나 목표가 뚜렷함으로 관리 속회로 머물러 있을 수 없는 역동성을 가지고 있다고 볼 수 있다. 속장이 목회 파트너십으로 목회에 동참하는 것은 웨슬리 당시부터 있었던 일이고, 감리교 운동은 평신도 운동이라고 할 만큼 평도 지도자들이 적극적으로 사역함으로 놀라운 부흥을 이루어 낸 것이다.

9. 관계자로서의 속장의 중요성(Relationship)

영적인 생명은 '관계성'에 있다. 주님은 하나님과 우리와의 관계를 회복시키고자 이 땅에 오셨고, 십자가를 통하여 죄악의 담을 허물어 주심으로 하나님 앞에 나갈 수 있는 길을 열어 놓으셨다. 관계의 단절이 죽음이라는 것은, 에덴동산에서 아담과 이브의 범죄가 어떻게 죽음을 가져왔는지가 증명하고 있다. 죄의 심각성은, 생명의 근원 되시는 하나님과 단절시킴으로 생명을 잃어버리게 하는 데 있다. 나무가 아무리 건강하더라도 뿌리가 나무줄기와 단절되면 바로 말라 죽는 것처럼, 관계는 삶과 죽음을 갈라놓을 수 있을 정도로 중요하다.

천수답으로만 농사를 짓던 시절은 하늘만 바라보아야 했고 농부는 늘 불안했다. 그래서 고사를 지냈고, 하늘이 노하여 비라도 주지 않으면 그 해는 흉년이 되어 민심이 흉흉해지고 나라님이 부덕한 소치라고 여기기도 했다. 그러나 저수지를 만들어서 물을 저장해 놓고 관계 수로를 만들어 물을 공급하기 시작하면서부터는 더 이상 가뭄이 두려움의 대상이 되지 않았다. 이처럼 관계를 이어 주는 수로는 중요하다. 우리 몸속에는 수천 킬로미터의 핏줄이 그물망 같이 연결되어 퍼져 있다. 심장에서 생명의 피를 펌핑하면 핏줄을 통하여 온 몸에 골고루 전달하기 때문에 우리 몸이 건강하게 유지되는 것이다. 이처럼 관계란 뿌리나 관계수로 혹은 핏줄과 같이 생명의 메커니즘을 형성하는 중요한 요인이다.

목회에서 성도들과 목사 사이를 이어 주는 역할을 하는 것이 속장이어야 한다. 속장은 돌봄 사역을 통하여 속회원들의 상황과 영적인 문제들을 정확히 보고하고, 목사는 말씀으로 치료하고 격려하여 새 힘을 얻게 하는 영적인 순환이 이루어져야 하는 것이다. 현장을 모르거나 상황을 정확히 파악하지 못한 채 책상에서 이론적으로만 생각하여 나온 주장을 우리는 '탁상공론'이라고 한다. 목회에서 목사가 현장을 잘 몰라 때로는 탁상공론 같은 설교가 나올 때가 많다. 그런 설교는 뜨거운 가슴으로 설교할 수 없고, 또 성도들에게 잘 전달되지도 못한다. 그러면 성도들은 목사의 설교에서 힘을 얻을 수 없고, 그것은 교회 침체로 이어지게 된다. 그래서 목사는 현장을 잘 파악해야 한다. 성도의 삶도, 생각도 알아야 한다. 이를 가장 잘 알게 해 줄 수 있는 이가 바로 속장이다. 그러므로 속장은 목사와 성도들 간의 관계를 이어 주는 역할을 해야 한다.

갈릴리 호수가 늘 변함없이 신선하고 풍부한 생명의 바다로 존재하는 것은 북쪽에 높이 솟아 있는 헬몬산 때문이다. 수성암으로 이루어진 그 산은 비와 이슬을 흡수하기도 하지만 지하수가 풍부하여 하루에 수천 톤씩 갈릴리 호수로 물을 흘려보내기 때문에, 갈릴리 호수는 언제나 신선할 수밖에 없다. 갈릴리 호수에는 갑작스런 돌풍도 일어난다. 사람의 심장 모양 같은 호수는 바다라고 할 만큼 넓기도 하지만 예측할 수 없는 풍랑 때문에 갈릴리 바다라고도 불린다.

마찬가지로 성도들의 일상을 들여다보면 하루에도 수만 가지 일들이 일어나는데, 어느 한순간 감정과 생각들이 갈릴리 호수의 돌풍처럼 갑작스럽게 요동치면 신앙은 어디론가 도망가고 풍랑 앞에 쩔쩔매던 제자들 같이 당황하곤 한다. 하물며 한 주간을 지나는 동안, 한 사람의 심경과 생활 주변에 무슨 변화나 일들이 없겠는가? 웨슬리의 관심은 성도들의 영적 생활이며, 성화를 이루어 가는 것이 속회의 목표였다. 그렇기 때문에 영적인 전쟁과 상호 책임 의식(Accountability)으로 서로를 돌보고 확인하며 세워 주고자 하는 목표를 규칙을 통하여 접근해 갔다. 속장이 세심한 관찰과 돌봄으로 일상의 사건이나 영적인 문제 혹은 생활 신앙의 경건성에 대한 것들을 알게 되었다 해도 처리하는 과정이 미숙하다면 별 의미가 없을 것이다. 일차적으로는 작은 목자인 속장의 직무가 돌보는 것이지만, 담임목사에게 신속하게 보고하여 교회 공동체 전체를 돌보는 일에 도움 되도록 하는 것 또한 매우 중요하다.

속장이 속회원들과 담임목사와의 관계를 잘 이어 주려면 아주 체계적인 관리 카드를 만들어 보고해야 한다. 가령, 돌봄 카드를 만들어서 속회원 개인별 인적사항은 물론 기념일(생일, 결혼, 애경사 등)과 은사, 특기, 은혜 받은 찬송, 자녀들의 문제, 기도 제목 등을 조사해 기록한다. 이미 앞에서도 살펴보았듯이 예수님은 선한 목자의 모델이시다. 선한 목자는 자기 양을 안다고 했고, 자기 양을 위해 목숨도 아끼지 않는다고 하였다. 이것은 목자가 구체적으로 양들을 어떻게 돌보는가에 대한 해답이다. 교회에서는 속장에게 목자 수첩(속장 수첩)을 만들어 주어야 한다. 그 안에는 돌봄 카드뿐 아니라 속장이 속회원들을 돌보면서 일어난 일들이나 영적인 신앙 관찰을 기록하고, 담임목사에게 보고할 사항들을 체크할 수 있도록 해야 한다. 그래야 목사가 성도들의 깊은 사항까지 다 파악하여 바른 관계를 유지할 수 있게 된다. 교회는 생명 공동체이기 때문에 어느 한 부분에서 일어난 문제가 쓴 뿌리가 되어 모두를 괴롭히고, 영적인 온도를 싸늘하게 만들 수 있다. 혈액 순환이 안 되면 손발이 차고, 음식도 소화시키지 못한다. 성도들이 말씀을 소화시키지 못하거나 은혜가 떨어지게 되면 영적인 냉냉함으로 성장을 멈추게 된다.

10. 속장과 셀프 리더십(Self Leadership)

속장은 목자이면서 동시에 영적 경찰과 같은 역할을 해야 하고, 중보 기도를 통한 사역도 해야 하며, 스스로 제자의 영성을 길러서 성화를 이루어 가야 한다. 자신을 돌보지 않아서 줄 것이 없는 황폐한 심령으로는 남을 돌볼 수 없기 때문이다. 그래서 셀프 리더십이 필요하다. 이를 위해 웨슬리는 감리교인들에게 영적 일기를 쓰도록 했는데, 그것은 개인적 성화를 위한 점검표와 같은 역할을 했기 때문이다.

어느 공동체든지 가장 중요한 것은 그 공동체를 이끄는 리더다. 리더의 생각과 색깔에 따라서 공동체의 모습이나 가치가 달라진다. 존 웨슬리의 뛰어난 점 가운데 하나는 셀프 리더십(Self-Leadership)이다. 일반적으로 리더십에 대한 이해를 외적인 영향력으로만 생각하는 경향이 있는데, 필자의 관심은 셀프 리더십이다. '웨슬리가 88년의 삶을 사는 동안 그렇게 열정적이며, 지속적이고, 성공적인 성장 곡선을 그려 낼 수 있었던 비결은 무엇일까?' 를 생각하면, 그에게 누구보다 뛰어난 셀프 리더십이 있었기 때문이라고 할 수 있다. 내 안에 노래가 있어야 노래를 부를 수 있고, 내 안에 열정이 있어야 열정을 끌어 낼 수 있다.

예수께서 제자들에게 성령을 받기 전에는 예루살렘을 떠나지 말라고 하셨을 때, 그 의미는 무엇이었을까? 그 당시 제자들의 마음속에 있는 생각의 씨앗들은 소망이나 열정, 확신이 아니라 패배와 절망과 두려움이었다. 그것들을 가지고는 복음 전도는커녕, 누구를 돌보는 일도 할 수 없었기에 새로운 에너지가 필요했던 것이다. "오직 성령이 너희에게 임하시면 너희가 권능을 받고, 예루살렘과 온 유대와 사마리아와 땅 끝까지 이르러 내 증인이 되리라."(행 1:8) 성령이 오시면 열정을 에너지로 바꾸는 일을 하시기 때문에 능력의 사람이 된다. 그러나 본인 스스로 훈련하여 열정을 끌어 내는 셀프 리더십을 발휘하지 않으면 지속적인 성장과 사역을 할 수 없다.

속장들을 훈련시키고 이끌다 보면 나타나는 현상들이 분명하다. W라는 속장이 있다. 이 속장은 예리하고 똑똑한 집사다. 무슨 일을 만나도, 무슨 말을 들어도 항상 긍정적이고 밝은 쪽으로 반응을 이끌어 간다. 때문에 쉽게 친화력이 생기고 목사로서는 안심이 되고 신뢰가 간다. P 권사는 별로 말이 없다. 그러나 교회 일에는 솔선수범하고 말없이 순종한다. 이 때문에 행동으로 긍정하고 협력하는 성도다. 그러나 처음부터 선입관을 가지고 비판하고 매사에 부정적이고 꼬투리를 잡는 이도 있다. 그들의 생각은 잘 되면 좋지만 안 되면 어떻게 하고 실제로 안 될 수도 있지 않느냐는 것이다. 맞는 말이다. 그러나 그러한 0.1도의 차이가 공동체의 기질과 색깔과 온도를 바꾸어 버린다. 셀프 리더십은 자신의 생각이나 영성을 어떻게 이끌어 가느냐 하는 돌봄의 문제다.

누군가에게 영향력을 줄 수 있는 것은, 내가 먼저 어떤 영향력을 받고 그렇게 훈련되어져서 그러한 에너지가 지속적으로 나오도록 하는데 있다. 웨슬리는 어머니 수산나 웨슬리의 교육과 훈련이 습관화되어 평생 그렇게 살았고, 그 속에서 나오는 영향력이 속장들을 돌보는 일에 적용됨으로써 감리교의 초석을 마련할 수 있었다. 이를 더욱 증명하는 것이 있다. 웨슬리 사후 영국 감리교회 속회는 시들해지다가 오늘날에는 초라한 감리교회가 되고 말았는데, 그 원인 중 하나가 바로 좋은 지도자가 없었기 때문이라고 한다. 미국 감리교회에서는 속회가 아예 사라지고 말았는데, 그 원인 역시 물질의 풍요로 인한 편리주의와 목회자들이 모임이나 회의에 바빠서 속장이나 속회를 돌볼 시간이 없어 교회학교로 대체해 버렸기 때문이다. 셀프 리더십은 부모의 영향력으로 기초가 놓이고, 꿈과 비전으로 다듬어지며, 지속적인 훈련을 통하여 영적인 기질이 창조적이고 긍정적이고 적극적으로 바뀔 때 능력을 발휘하게 된다.

그러므로 성도가 처음 신앙의 기초를 세워 나갈 때 누구를 만나느냐 하는 문제는 매우 중요하다. 그의 영향력이 영성의 기질을 만들기 때문이다. 양들은 앞서 가는 양을 그대로 흉내내며 따라가는 특징을 가지고 있다. 앞서 가는 양이 다리를 절면 뒤에 오는 양들도 다리를 절면서 따라간다. 당신이 속장이라면 어떤 속장이 되어야 하는가를 마음에 그려 보라. 사람은 듣는 것보다 보는 것에 더 많은 영향을 받는다. 습관이 중요한 것은 거기에 있다. 주님은 "작은 일에 충성된 자가 큰일에도 충성된다."고 하셨다. 셀프 리더십은 결코 작은 일이 아니며 무한한 가능성을 가진 씨앗과 같다.

11. 속회의 표어와 목표(Slogan and Goal)

작은 목자로서 속장은 속회의 목표를 가져야 한다. 교회 안의 작은 교회인 속회는 성장하고 부흥해야 한다. 그렇다면 분명한 목표를 가져야 한다. 왜냐하면 목표는 잠재력을 끌어 내기 때문이다. 관리 속회의 경우는 특별히 목표를 가질 필요가 없기 때문에 성장에 대한 열망이나 전도에 대한 관심이 없고, 배당된 속회원들을 잃어버리지만 않으면 잘하는 것으로 인식한다. 속장이 작은 목자라면 목양을 해야 하기에 구체적으로 어떻게 돌봐야 하는지 생각하지 않을 수 없다. 웨슬리 속회에서 궁극적인 목표는 성화를 이루는 것이었다. 그래서 규칙을 정하고 확인하고 책임지는 일을 했다. 우리 속회에서 목표를 정한다면 무엇을 정해야 할 것인가? 초기 속회의 특징을 살펴보면 그 방법을 알 수 있다.

우선 속회의 표어를 정하라. 표어는 깃발과 같은 것으로, 전쟁을 하는 병사들이 뭉치고 적군과 아군을 파악하고 일치된 마음으로 묶는 기능을 한다. 몇 사람을 같은 조직에 두었다고 그들이 묶여 있는 것은 아니다. 마음과 마음이 하나로 묶여지도록 표어와 목표를 정하여 지속적으로 함께 기도하고 고백하게 하는 것이 중요하다. 각 속마다 표어를 정한 뒤 점검해 보면 재미있는 현상이 나타난다. 대부분의 표어들이 너무나 추상적으로 만들어진다. 그 이유는 그 동안 우리들이 너무 감성적으로만 훈련받고 싸우는 훈련을 받지 않았기 때문이다. 이스라엘 백성들이 광야에서 조금만 어려우면 불평하고 옛날을 그리워하여 애굽으로 돌아가자고 한 것 같이, 편안함에 익숙해진 우리에게도 불편한 것을 싫어하는 습성이 나타나는 것이다. 작지만 구체적인 표어를 정하도록 지도해 주어야 한다.

표어를 만드는 일은 방향을 일치시키는 효과가 있다. 웨슬리의 속회 정신에 가장 좋은 것은 '돌보고, 세워서, 증인되는 것'이다. 돌봄이란 목자의 정신이고, 부모의 마음으로 관심을 갖고 사랑하고 보살펴 주고 도와 주고 이끌어 주는 것이다. 바울이 교회론을 잘 정리한 에베소서 4장의 정신은, 은사대로 구비시키고 준비시키는 것이다. 돌봄의 목적은 '세우는 것'으로, 성화를 이루도록 훈련하고 가르치고 성숙하게 만드는 것이다. 부모가 자녀들을 돌봐 주는 최종 목적은, 훌륭하게 자라서 스스로 서게 하는 것에 있다. 스스로 설 수 있는 정도까지 성장하면 사람이나 짐승이나 자립하여 자기의 길을 가게 되는데, 그것이 곧 증인의 삶이다. 복음의 증인은 전도로 나타나고, 생활의 증인은 삶을 통해 하나님의 영광을 나타내는 것으로 증인의 삶을 산다. 이러한 큰 타이틀을 전체 표어와 사역의 틀로 만들고, 그 안에서 표어를 만들면 담임목사의 목회 철학과 맞는 방향으로 나아갈 수 있다.

표어가 완성되면 다음으로 구체적인 실천 목표를 정하도록 한다. 목표는 실현 가능한 것으로 세 가지 정도로 하되 성화를 위한 훈련과 전도의 목표, 속회의 부분을 염두에 두고 정한다. 어떤 것도 그렇거니와 목표가 없는 막연한 것은 가야 할 목적지 없이 떠도는 나그네와 같다. 표어와 목표를 정하면 가야 할 목적지가 정해진 것이기 때문에 동기를 유발시키는 효과가 나타난다.

웨슬리는 초기 속회에서 '서로를 돌보는 뜨거운 사랑의 교제'를 첫째 목표로 삼았다. 웨슬리 속회가 원시 기독교를 바탕으로 하고 있다는 것은, 바로 '교제 공동체'를 중요하게 여겼다는 의미다. '서로'라는 말이나 '교제'라는 말이 공동체 정신을 지향하는 것처럼, 신앙의 성장이나 성숙과 성화는 혼자 묵상하거나 기도원에 들어가 나 혼자만의 거룩함을 추구하는 것이 아니다. 웨슬리가 그렇게도 많은 영향을 받고 사랑했음에도 불구하고 결국 모라비안을 떠났던 것은 바로 정적주의와 신비주의 때문이었다. 웨슬리의 성화는 생활 수도원적인 영성으로, 삶 속에서 이루어야 할 성화다. '서로'라는 말은 침묵적인 영성이 아니라 돌봄의 영성을 말한다.

12. 속회와 영적 교제(Spiritual Fellowship)

초기 속회의 두 번째 목표는 '소박하고 솔직하고 진지한 자기 고백과 간증을 통한 영적 체험과 영적 교제'였다. 우리는 이것을 흔히 삶의 나눔이라고 한다. 이것은 매우 중요한 영적 교제로, 웨슬리의 용어로는 '상호 책임 의식'(Accountability)이라 부른다. 그러나 문제는 '실제 속회에서 이러한 것을 어떻게 적용하는가?' 하는 점이다. 다른 소그룹에서는 활용하는데 관리 속회의 전통을 이어가는 감리교회에서는 금기시한다. 그 이유는 부정적인 영향력을 먼저 생각하기 때문이다. 나를 열어 말하기 시작하면 어떤 이들은 말 옮기기를 잘하여 오히려 시험에 들 수 있기 때문이다. 충분히 그럴 수 있다. 그러나 한국 교회에는 밴드가 없기 때문에 속회에서 하는 자기 고백과 간증을 업그레이드하여 상호 책임 의식으로 잘 선용하는 지혜가 필요하다.

모노 뉴클레오시스란 병이 있다. 이 병은 피에 단핵을 가지고 있는 세포들이 많아지는 전염병으로, 이 병에 걸린 사람과 건강한 사람이 입맞춤을 하면 환자가 건강해지는 것이 아니라 건강한 사람이 그 병에 전염된다고 한다. 모든 병이 다 마찬가지다. 건강한 사람이 감기에 걸린 사람과 있으면 감기에 걸린 사람이 건강해지는 것이 아니라 건강한 사람이 감기에 걸린다. 올바른 소수가 잘못된 다수에게 영향을 주지 못하며, 바른 사상이 잘못된 사상을 바꾸기란 매우 힘들다. 좋은 말 열 마디보다 나쁜 말 한 마디가 더 힘이 있다. 이것을 우리는 '악화가 양화를 구축한다'고 말한다. 그러나 담임목사의 분명한 목회 철학과 의지가 있다면 문제될 것이 없다.

거대한 함대가 나가는 길에 파도가 없을 리 있겠는가? 파도가 두려워 도망간다면 아무것도 기대할 수 없다. 우리는 작은 현상들에 너무나 민감하게 반응하느라 일을 추진하지 못하고 기회를 놓치는 경우가 많다. 아브라함은 롯을 구하기 위해 집에서 훈련시킨 318명을 데리고 그당시 가장 강력한 연합군을 형성했던 그돌라오멜의 5개국 연합군과 싸워 그들을 물리치고 롯을 구해 온다. 현실적으로 보면 싸울 수 있는 상대가 아니었다. 그러나 아브라함은 해냈다. 이것이 영적 전쟁의 묘미다. 훈련시키지 않으면 아무리 조건이 좋아도 오합지졸에 불과하고, 훈련시키면 상황과 조건이 열악해도 강군이 되고 승리할 수 있다.

속회에서 나를 열어 삶을 나누는 단계에 이르지 못하면 은혜가 되지 않을 뿐더러 성령의 역사도 일어나지 않는다. 성령의 역사가 없는 우리들만의 모임이라면, 속회는 매력 없는 모임이 될 것이고, 그것은 뜨거운 감자에 지나지 않는다. 관리 속회로 만들어 놓고 잘해 주기를 바라는 목회자가 문제다. 세상의 그 어떤 것도 내 마음이 바라는 대로 되어지는 것은 없다. 목회자가 먼저 리더십을 발휘하여 비전과 철학을 제시하고 설득하여 함께 공감하도록 해야 한다. 시간과 열정을 투자하지 않으면 내 교회, 내 속회는 여전히 음지에 자라는 잡초의 군락일 뿐이다.

21세기 교회의 키워드는 성장이 아니라 건강이다. 웨슬리 속회의 핵심도 성장이 아니라 건강한 그리스도인이 되는 것이었다. 웨슬리가 만일 성장에만 초점을 맞추었다면, 브리스톨에서 속회에 성실하지 않고 성화에 진전이 없는 무늬만 그리스도인들인 3백 명을 잘라 내지 않았을 것이다. 그러나 웨슬리는 엄격하게 징계하였고, 그 후 감리교회는 오히려 더 성장하였다.

그러나 오늘날 우리들의 문제를 보라. 말로는 건강과 성화를 원하지만 그런 것에는 관심을 둘 만한 여유가 없고, 어떻게 해서든지 교인들이 떨어지지 않도록 안간힘을 쓰고 있지 않은가. 성도들이 문제를 제기하면 다독거리고 비위를 맞추어 더 이상 문제가 되지 않도록 하면서 이것을 사랑의 목회라고 생각하는 것이 문제다. 그래서 우리는 건강한 영성을 형성하지 못하고 있다. 이것은 우리 민족이 가지고 있는 문화적인 영향도 있다. 일반적으로 가정들을 들여다보면 자녀들이 부모에게 자기의 감정을 말하면 쓸데없는 것에 신경 쓰지 말고 공부나 잘하라고 책망한다. 그래서 우리는 감정 처리를 잘하지 못하고 건강하게 반응하지 못한다.

13. 효율적 속회 운영을 위한 도전(Challenge)

효율적인 속회를 운영하려면 속장의 창조적인 마인드가 필요하다. 틀에 박힌 형태의 관리 속회에서는 할 수 없지만, 돌봄의 속회에서는 속장의 재량에 따라 다양한 방법의 속회를 운영할 수 있다. 물론 기본 골격은 담임목사의 목회 철학에 맞추어 가야 하지만, 적용과 방법은 다양하게 할 수 있다. 일상 생활도 항상 똑같은 것이 반복되면 지루해진다. 때로는 외식도 하고 소풍도 가야 한다. 마찬가지로 속회를 운영할 때 오늘은 찬양 속회로 드려야겠다고 생각했다면 한 사람씩 돌아가며 찬송에 얽힌 간증을 나누고 함께 부르며 은혜에 젖어 본다. 그렇게 다음 사람으로 이어간다면 그 날 속회는 은혜가 충만할 것이다. 이러한 방법을 실제로 적용해 보면 얻게 되는 부수적인 효과도 크다. 다른 사람의 간증을 듣고 찬송을 같이 부르다 보면 마음과 마음에 공감대가 형성되어 더욱 친밀해지게 된다. 작은 교회로서의 속회의 장점인 진정한 교제가 가능해지고 친화력이 강해지는 것이다.

순서를 다르게 하는 것도 좋은 방법이다. 정해진 순서대로만 하면 편리하고 부담이 없는 반면, 감동은 적다. 그러나 창조적인 방법을 사용하면 기대감과 적당한 긴장감이 생겨 속회 모임이 활성화된다. 속회원들이 모일 때 패팅 타임(Patting Time)을 통해 가벼운 포옹(Hug)이나 등 두드려 주기, 손잡고 인사하기 등 적극적인 스킨십을 한다면 친밀감이 더해질 것이다. 한걸음 더 나아가 마음을 패팅해 주는 것은 더 큰 효과가 있다. 오늘 다르게 보인다든지, 패션 감각이 있다든지 등 속회원들의 장점을 가볍게 칭찬해 주는 감각은 매우 중요하다.

또 다른 방법은 순서를 바꾸는 것이다. 직장 때문에 저녁 늦게 모이는 속회라면 모두가 시장할 것이다. 이런 경우 먼저 음식을 먹으며 교제의 시간을 갖고, 오늘에 있었던 일들을 함께 나누면서 자연스럽게 찬양과 말씀 나누기로 인도하면 좋다. 이렇게 하려면 속장 교육을 통하여 다양한 방법과 사례들을 목회자가 제공해 주어야 한다. 가장 효과적인 것은 이벤트 속회를 하는 것이다. 사람은 누구나 사랑받고 싶어한다. 따라서 생일이나 결혼 기념일 등은 매우 좋은 재료가 된다. 속회원들의 생일에는 가벼운 생일 파티와 선물, 그리고 축복 기도를 해 주도록 하자. 모든 속회원이 작은 선물을 준비한다면 더욱 좋을 것이다. 가정 경제에 예민한 여성도들에게는 문제가 될 수도 있으므로 속장은 속회원들의 상황을 정확히 살펴서 적당히 해야 한다. 결혼 기념일은 불신자 남편을 전도할 수 있는 좋은 기회가 되기도 한다. 적당한 식당이나 카페를 빌려서 사전에 분위기를 만들고 식사와 선물을 함께 하고 기도해 준다면 누구라도 감동을 받을 것이다. 유교적인 관습과 남성들의 특성상, 우리 나라 남편들은 기념일을 잘 챙길 줄 모르기 때문에 매우 효과적인 이벤트 속회가 될 것이다.

무엇보다 작은 목자인 속장이 관심을 가져야 할 것은, 모임에 번번이 빠지는 속회원에 대한 대처 방법이다. 세상의 일상은 하루 단위로 이루어지지만 교회 생활은 일주일 단위다. 그러므로 한 주일을 빠진다면 다음에 만날 때는 두 주일 후가 되고 보름의 날짜가 지나간다. 그 사이에 성도들의 생활 속에서는 수많은 일들이 일어나고, 영적으로 어린아이 같은 성도들에게는 반드시 문제가 생길 수밖에 없다. 이것은 영적인 전쟁과 같은 것이기에 속장은 틈을 주어서는 안 된다. 찾아가는 심방 속회를 활성화하여 속회원을 만나고 속회에 대한 것과 영적인 상황을 묻고 교회 소식들을 전해 주면서 기도해 준다면 그것이 바로 목회 사역이고 성도는 시험에 들지 않게 된다. 속장이 영적인 경찰관 역할을 해야한다는 것이 바로 이런 점들이다. 잘 훈련된 속장과 효율적인 조직 그리고 창조적인 관리는 속회 부흥을 이루고 성화를 이루어 가는데 핵심적인 요인이 된다.

14. 속회의 쇠퇴 원인(Reason for Declining)

웨슬리 속회가 성장과 쇠퇴를 거치는 과정에서 우리에게 교훈하는 중요한 의미가 있다. 그렇게도 비참하고 가난한 빈곤층이었던 웨슬리 감리교도들이 19세기 후반에 들어 급격하게 중산층화되면서 영적 신앙 생활에 무관심하게 되었다. 웨슬리는 감리교도들의 중산층화의 위험성을 염려하면서 하나님의 전 사역에 무관심하게 되는 모든 유혹 가운데 부자들의 교활함이 가장 크다는 생각을 가지고 지적하였다. 사람의 특성이 그렇거니와 처음에는 첫 사랑의 신앙으로 열심히 하다가 어느 정도 안정이 되면 지속성을 유지하기가 어려운 법이다. 실제로 미국 감리교 속회는 19세기 후반에 이르자, 영적으로 속회원들을 감독하고 성도 끼리의 영적 친교와 교제를 훈련하며 인격적인 성숙을 도모하는 속회 활동에 무관심하게 되었다.

속회가 쇠퇴하게 된 두 번째 원인은, 합리적이고 과학적인 성서 비평학의 발전과 함께 감리교 설교가들의 설교가 학문적이 되고, 예배 형태가 생명력을 상실한 채 형식적이 되어버린 데 있다. 속회도 자연히 체험적인 나눔이 아니라 지성적 · 학문적인 분위기로 바뀌어 가면서 생명력을 상실하였다.

세 번째 문제는 초기 감리교회 속회가 가지고 있던 가장 큰 장점이요, 중심이었던 상호 책임적인 고백과 돌봄(Accountability)을 통해 서로가 서로를 영적으로 권면하고 충고하는 가운데 내면적 · 영적 성숙을 이루어 가던 것이 사라지게 된 것이다. 후기로 갈수록 자기 성취적 이기주의에 빠지게 되었고, 상호간의 성화 훈련 모임이라는 의식이 상실되어 갔다. 그리고 사회와 세상 속에서 변화를 일으키는 사회적 성화에도 무관심함으로, 신앙과 선행의 조화를 통한 성화의 완성이라는 웨슬리의 정신을 상실했던 것이다.

넷째는 속회 지도자의 훈련 부족이었다. 19세기에 들어 감리교도들이 급격히 증가하였는데 고도의 양적 증가는 질적 영성 훈련을 약화시켰다. 부가 증가하고 전도도 잘 됨으로 교회들이 부흥한 축복이, 오히려 속회의 쇠퇴 원인이 되었던 것이다. 미국에서의 성공적인 전도는 거대한 제도를 만들고 숫자의 증가와 조직화의 결실을 가져 왔지만, 성화 훈련의 알곡보다 제도의 쭉정이를 만들었다고 해석하는 이들도 있다. 속회에 있어 양적 숫자를 증가시키는 전도가 웨슬리의 본래 목적이 아니었다. 옥외 설교를 통하여 전도되어진 교인들을 질적으로, 영적으로 철저히 훈련시키고 돌보는 것이 목적이었다. 그 철저한 질적?영적 성화 훈련이 자연스럽게 양적 성장의 결과를 가져오기도 하였다. 그러나 후대로 갈수록 질적 성화 훈련을 통해 영적으로 성숙시키는 지도력이 상실

됨으로써 속회는 쇠퇴의 길을 걷게 되었던 것이다. 성도의 영적 성장을 책임지는 '책임적 제자직'(Accountable Discipleship)을 가진 지도자들이 절대적으로 부족하게 된 것이다.

끝으로 웨슬리의 소그룹에 대한 이해 부족으로, 적용에 대한 문제다. 웨슬리는 속회와 밴드의 양날개로 그의 소그룹을 이끌어 갔다. 오늘날 셀의 용어를 빌리자면 속회는 열린 셀(Open Cell)과 비슷한 것이며, 밴드는 닫힌 셀(Closed Cell)과 비슷한 것이었다.[44] 셀 연구 학자인 박영철 교수는 이렇게 주장한다.

"웨슬리가 제시한 체제에 있어서 속회의 경우는 열린 셀이라 할 수 있지

---

44) 박영철 교수는 심포지엄에서 이렇게 설명한다. "셀은 본질적으로 두 종류가 있다. 첫째는 열린 셀(open cell)이며, 둘째는 닫힌 셀(closed cell)이다. 열린 셀이란 구성원이 되는 자격을 교인에게만 국한시키지 않고 교회에 출석하는 사람이나 또는 처음 교회에 나오기 시작하는 사람들조차 셀에 속하여 구성원이 되게 하는 셀을 의미한다. 이러한 열린 셀은 불신자들을 셀 속에 받아들임으로써 그들로 하여금 그리스도인들 간의 사랑 관계를 맛보게 하고, 또한 그들이 그러한 셀 분위기에 젖어들게 됨으로써 전도의 결과를 극대화할 수 있는 장점을 가진다. 그러나 구성원들 간의 상호 용납과 섬김, 그리고 정직한 나눔 등의 분위기 형성에 있어서 서로에 대한 믿음이 있어야 하며 상호 의존적 관계가 이루어져야 하는데 신자들과 불신자들이 그러한 관계를 형성한다는 것은 사실상 불가능할 뿐 아니라 그러한 셀 분위기를 형성함에 있어서 불신자는 오히려 장애가 될 수 있는 문제점이 있다. 한편, 닫힌 셀은 구성원이 교회의 정회원에 국한되는 셀을 의미한다. 이 형태의 셀은 열린 셀의 그것과 대조를 이루어 셀원들 상호간의 깊이 있는 나눔을 가능하게 하며 나아가 영적 가족 공동체로서의 경험을 가능하게 한다. 그리스도를 주님으로 영접한 신앙 고백을 한 사람들이 셀을 자신의 영적 가족으로 믿고 영적 가족으로서 관계를 맺는 장소가 바로 닫힌 셀인 것이다. 여기서 자신들의 부족한 점은 물론이고 죄까지도 서로 고백하고 용서하고 위하여 기도하는 일을 포함한다. 그렇지 않으면 교제와 삶이 피상적 수준에 머무르고 말게 된다. 그리고 불신자들이나 아직 영적 가족 공동체의 일원이 되지 않은 사람들과는 이러한 영적 교제는 사실상 불가능하며, 또한 불신자들이나 이직 교회의 가족으로 들어오지 않은 사람들 앞에서 이러한 교제를 하기란 현실적으로 매우 어렵다. 따라서 닫힌 셀은 그러한 가족 공동체로서의 교제가 가능한 교회 회원권을 가진 사람들로 제한하게 되는 것이다." 박영철, '셀과 속회' (이 글은 2008년 4월에 한국웨슬리학회에서 주관한 심포지엄에서 발제한 내용에 있음.)

만 밴드와 선별반은 닫힌 셀에 해당한다고 볼 수 있다. 그리고 전체적으로 보면 닫힌 셀과 열린 셀을 혼합한 형태가 웨슬리의 체제다. 셀 사역의 경우 셀에서는 삶의 모든 것을 함께 나누는 것이 중점적인 사안이지만, 웨슬리의 경우 밴드와 선별반이라는 조직을 통해 셀에서 나누는 깊이 있는 것들을 다룬다. 따라서 웨슬리의 체제는 열린 셀의 장점과 단점을 적절히 보완하는 체제라는 점에서 매우 의미가 있다고 평가된다."45)

박 교수의 평가는 훌륭하다. 사실 웨슬리의 소그룹은 열린 셀인 속회와 닫힌 셀인 밴드가 같이 잘 종합적으로 조화롭게 이루어졌다. 이런 의미에서 셀 교회의 선구자는 웨슬리다. 그런데 오늘날 교회들 가운데 웨슬리의 소그룹은 무시하고 오히려 셀 교회에 더 관심을 가지는 교회들이 많다. 자신이 가지고 있는 소중한 보물은 잊어버린 채 남의 떡만을 좋게 보는 것과 같은 이치다. 지금 한국 감리교회는 웨슬리의 소그룹에 대한 조직을 근본적으로 재정립할 필요가 있다. 현재 많은 교회에서 하고 있는 속회 운동은, 밴드의 역할은 빼버리고 오직 속회의 역할만 시도한 것이기에 웨슬리 소그룹 운동의 근본 정신을 잃어버린 것이다. 즉 두 날개가 아니라 한 날개로만 날아가려고 애쓰고 있는 것이다. "속회만으로는 안 된다."는 말들이 나오는 것이 어쩌면 당연한 결과라 할 수 있다. 한국 교회는 처음부터 속회로 출발했기에 또 다시 밴드라는 새로운 조직을 만든다는 것은 좀 어려울 수 있다. 그러나 속회 안에 밴드의 정신을 같이 접목시켜 속회가 발전할 수 있도록 이끌어 낼 수는 있다. 마치 셀에서 열린 셀과 닫힌 셀의 기능을 적절하게 잘 조화시켜 나가는 것처

---

45) 박영철, '셀과 속회' (이 글은 2008년 4월에 한국웨슬리학회에서 주관한 심포지엄에서 발제한 내용에 있음.)

럼 말이다. 이제 속회 안에 밴드의 기능을 잘 접목시키는 작업이 한국 감리교회의 큰 과제라 하겠다.

한국 교회는 이제 웨슬리의 정통성을 찾아야 한다. 미국 다음으로 세계에서 두 번째로 큰 교세를 갖고 있다면 적어도 우리의 정체성을 알아야 한다. 그러나 애석하게도 큰 교단이 되면서 감리교회의 전통적 가치관이 위협받고 속회의 필요성이 줄어들면서 속회의 가치도 떨어지게 되었다. 웨슬리의 염려가 현실로 나타난 불행한 순간이다. 웨슬리가 "감리교회가 영국이나 미국에서 줄어드는 것을 걱정하기보다는, 처음 가졌던 교리나 정신 그리고 훈련을 잃어버림으로 잎만 무성한 무화과나무 같은 바리새적인 종교로 전락하는 것을 염려한다."[46]고 말한 그대로이다. 지금도 웨슬리의 속회(Class Meeting)는 가장 우수하고 뛰어난 소그룹이다. 우리는 이 유산을 잘 가꾸고 발전시켜서 다시 한 번 감리교 부흥의 근간으로 삼아야 할 것이다.

15. 한국 교회 성장에 영향을 끼친 웨슬리의 속회

한국 개신교회는 짧은 역사 속에서 인구의 30%에 이르는 신도들을 가질 만큼 빠르게 성장하였다. 그래서 대략 약 5만 교회와 10만 목회자들, 그리고 1천 2백만의 교인들을 가졌다. 나는 감리교회 목사로서 한국

---

46) Luke Tyerman, *The Life and Times of the Rev. John Wesley*, 3 vols.(New York: Harper & Bros., 1872), 3:519. Robert Coleman and others, *Evangelism for Changing World*(Wheaton, IL: Harold Shaw Publishers, 1995), p. 97. 재인용

감리교회가 5천8백 개의 교회와 1만 명의 목사와 1백 5십만의 성도를 가진, 한국에서 두 번째로 큰 교단으로 성장한 것에 대하여 참으로 자랑스럽게 생각한다. 놀라운 성장세를 볼 때 이것은 우연히 성장한 것이 아니라 하나님의 은혜라고밖에 말할 수 없다.

그렇다면 이러한 교회 성장을 이룬 중요한 요인은 무엇이었을까? 한 마디로 평가하기가 어렵지만 일반적으로 두 가지 기둥을 말할 수 있다. 하나는 찬양과 영적 기도와 열정적인 설교와 다양한 하나님의 은사들을 중심으로 이루어진 부흥회이고, 다른 하나는 존 웨슬리의 속회나 밴드에서 영향을 받은 가정 예배 중심의 소그룹 운동이었다.

우리는 교회 성장에 있어서 부흥회와 조직이 서로 협력하는 것이 얼마나 소중한지에 대해 잘 알고 있다. 18세기 영국에는 두 명의 위대한 부흥사가 있었는데, 그들은 휫필드와 존 웨슬리였다. 그들은 각자 자신들의 단체에 지도자였다. 하지만 휫필드의 단체는 연약한 조직력 때문에 세월이 갈수록 사라져 버린 반면, 웨슬리의 단체는 속회나 밴드 같은 소그룹을 조직하여 구성원이 된 사람들을 영적으로 잘 보살폈기에 점점 더 성장해 갔다.

한국 교회도 웨슬리처럼 속회를 만들어 영적인 경험을 나누고 서로 돌보았다. 이에 나날이 속회의 숫자는 더해 갔다. 1960년대에 1천1백 개였던 속회가 1982년에는 2만 5천 개로 확대되었다. 왜 이렇게 속회가 급격하게 성장하였는가?

일반적으로 한국 사람들은 가정에서 만나는 것을 좋아했다. 그들은 자기 집에서 예배하는 것을 좋아했는데, 그 이유는 하나님이 그들의 가정에 축복한다고 믿었기 때문이다. 그래서 한국에서의 속회는 어떤 부담감 없이 잘 정착할 수 있었다.

한국 교회의 속회는 웨슬리 시대와 같은 것은 아니고, 속회와 밴드를 연합한 것이었다. 그러나 속회가 갖는 정신은 웨슬리와 다를 바가 없었다. 박해 때문에 교회에 갈 수 없었던 많은 사람들, 특히 여성들은 속회를 통해 가정에서 쉽게 복음을 접할 수 있었다. 웨슬리 시대처럼 한국의 속회 지도자들도 헌신된 평신도 지도자들이었고, 이들은 성도들의 가정을 직접 방문하면서 돌보고 예배를 드렸다. 그들의 헌신과 사랑은 안수 받은 목사들보다 조금도 부족함이 없었다. 실제로 그들의 헌신이 한국 교회의 성장에 크게 공헌한 것을 부정할 사람은 없을 것이다.

하지만 오늘날 대부분의 사람들은 자신의 집을 개방하는 것보다 사생활 보호를 더 선호하기 때문에, 불행하게도 속회 모임이 이전과 같지 않다. 무엇보다 훈련되지 않는 속회 지도자들이 많이 생겨났고, 그들은 자신의 개혁을 위해 도전하지도 않으며, 단지 형식적으로 속회를 유지하는데 그쳤다. 그래서 속회의 숫자는 1988년 이후부터 기울기 시작했고 교회 성장도 그때부터 둔화되기 시작했다.

그러나 만약 지금이라도 속회가 활성화된다면 한국 교회는 다시 성장할 수 있다고 나는 확신한다. 왜냐하면 지금도 우리 교회를 포함해서 성장하고 있는 많은 교회들을 보면, 여전히 속회를 교회 성장의 중요한 도구로 강조하고 있기 때문이다.

웨슬리 속회에 대한 연구 결과, 나는 중요한 두 가지 원리를 발견하게 되었다. 그것은 '사역 원리'와 '조직 원리'다. 사역 원리 안에는 세 가지의 중요한 요소가 있는데, 그것은 '돌보는 것', '세우는 것', 그리고 '증인을 만드는 것'이다. 웨슬리가 소그룹을 만들었던 목적은 성도들을 돌보고자 함이었는데, 처음에는 성도들을 마치 아기 돌보는 유모같이 돌보는 것이고, 다음에는 그들의 믿음이 흔들림이 없을 때까지 세우는 것이며, 마지막에는 복음의 증인으로 그들을 만드는 것이었다. 이를 위해서 웨슬리는 속회 지도자들을 각 수준에 따라 훈련을 시키는 일을 게을리하지 않았다. 이런 '사역의 원리'가 잘 발전하도록 웨슬리는 교회와 잘 연결되는 '조직 원리'를 강조하였다. 교회 안에 공존하고 있는 다른 조직들인 속회, 밴드, 선별된 사역팀들이 서로 연결되어 협력하게 하였다.

웨슬리의 가르침대로 나 역시 두 개의 원리를 기초로 하여 소그룹을 만들었다. 맨처음 소그룹 리더들을 훈련시킨 후에, 나의 목회 파트너로 그들을 인정해 주었고, 비록 평신도지만 그들에게 목회적인 권위로 소그룹을 이끌도록 했다. 그 결과, 교회는 곧 성장했고 지금도 계속 성장하고 있음을 발견한다.

2000년대에 들어서 한국 교회는 세 가지를 목표로 하고 있다. 첫째는 국민의 50%가 예수를 믿는 것, 둘째는 2천만 개신교인을 전도하는 것, 셋째는 세계의 각 나라에 최소한 한 명이라도 한국 선교사가 있고 또 1만 명의 선교사가 봉사하도록 하는 것이다.

나는 이것이 하나의 허울 좋은 캠페인으로 끝나지 않기를 희망한다. 만약에 나에게 이 목표를 이루기 위한 방법을 제시하라면, 나는 다음과 같이 말하겠다. 한국 교회가 다시 한 번 웨슬리와 같은 돌보고 세우고 증인되도록 만드는 소그룹 모임을 회복한다면 머지않아 양과 질을 잘 갖춘 위의 목표가 이루어질 것이라 확신한다. 성령님이여! 한국 교회의 부흥을 위해 우리를 도우소서!

초기 속장에 대한 평가

웨슬리 속회에서 속회원들이 느꼈던 속장들에 대한 평가를 속회에 관한 찬송이나 시에서 살펴볼 수 있다. 찰스 웨슬리가 지었던 찬송이나 다른 이들이 지었던 시들을 살펴봄으로 당시의 속회 모습을 들여다보고 자 한다.

1) 찰스 웨슬리의 속회 찬송

우리를 구원하시는 주님을 찬양하라.
그는 그의 은총으로 우리를 연합하게 하시며,
각각이 서로 회복되어 함께 그의 얼굴을 찾도록 우리를 명하시네.

그는 우리에게 서로를 세우라고 명하시니
하나로 함께 모여서 우리의 높은 소명의 영광스러운 희망을 향하여
우리는 손에 손을 잡고 나아가네.

그가 한 사람에게 베푸시는 은사를 우리는 모두 기뻐하니,
지극히 순결한 사랑의 시냇물에서 모든 그릇에 은총이 흘러넘치네.

이제 우리는 같은 것을 생각하고 같이 말하며 조화를 이루고 일치하니,
모두가 예수 이름으로 완전한 조화를 이루어 연합하였네.
우리는 모두 한 가지 기쁨에 동참하며 공동의 평화를 느끼네.
그 평화는 육신의 마음에 넘치는 것이요, 그 기쁨은 말로 형언할 수 없
는 것이네.

이 땅에서 우리의 교제가 예수 안에서 그렇게 달콤한 것일진대
우리가 그의 보좌 옆에서 만날 때에 우리가 누리게 될 기쁨은 어떠하
리요!

2) 존 폴록의 속회 찬송

만남의 장소들,
선택된 거룩한 시간들,
모든 영혼에게 전해진 말들,
이 지상의 것이 아닌 초월적인 사랑으로 빛나는 얼굴들,
슬픔은 한숨짓는 슬픔과 더불어,
희망은 기뻐 뛰는 희망과 더불어,
마음은 온전한 마음을 감싸 안고,

친근한 깃을 가진 새들이 서로, 친구들이 나는 것을 도우니,
그들은 하늘로 높이 날아올라 구름과 땅을 그들의 발 아래 둔다.
모든 힘겨운 발걸음의 염려들과 함께,
그리고 하늘의 이야기를 나누며,
하늘의 음식을 먹는다.

존 폴록의 속회 찬송은 아름다운 한 폭의 그림을 보는 것 같다. 이렇게 기쁨과 소망이 넘치는 마음으로 드려지는 예배라면 얼마나 힘을 얻겠으며 감사가 넘쳐서 찬송이 저절로 나오지 않겠는가?

3) 서로 돌보는 속회

주여! 우리가 서로를 도울 수 있도록 우리를 도우소서.
서로의 십자가를 질 수 있도록, 우리 모두 따뜻한 사랑으로 서로를 돕게 하시며
우리 서로 형제의 짐을 함께 지게 하소서.

웨슬리 속회에서 돌봄의 사역은 양육과 교제와 하나 됨을 위한 중심에 있었다. 성화를 이루어 가기 위한 돌봄의 사역이 이루어지고 있음을 엿볼 수 있다.

4) 나의 속장님(My Class Leader)

내가 속회에 처음 들어갔을 때 누가 친절하게 내 손을 잡아주고
내가 든든한 믿음에 서도록 기도해 주었는가요? 나의 속장님!

누가 나에게 사탄의 계략을 피하고 유혹의 미소들을 멀리하여
나의 영혼을 은혜 안에서 보존토록 훈계하였는가요? 나의 속장님!

내 영혼이 평화와 사랑으로 가득차고 거룩한 승리가 내 가슴에 벅차오
를 때
이토록 복받은 나를 보고 기뻐하신 분, 나의 속장님!

무서운 시험이 닥쳐오고, 먹구름과 어두움이 나를 둘러 덮을 때
하나님의 능력을 의지하도록 명하신 분, 나의 속장님!

세상의 고통이 내 마음 찌르고, 근심과 슬픔으로 내 마음 상할 때
위로와 용기를 전해 주신 분, 나의 속장님!

세상의 허영과 염려에 내 마음 들떠 요동칠 때,
누가 이 헛된 욕망의 무서운 결과에 대해 경고했나요? 나의 속장님!

내가 참 지혜를 버리고 축복의 길을 떠나 길 잃고 방황할 때
누가 나 위해 눈물 흘리며 기도했나요? 나의 속장님!

이토록 넘치는 사랑과 축복을 받았으니
내 마음은 뜨거운 감사로 넘치옵니다. 나의 속장님!

내 영혼에 가득 찬 이 행복을 표현할 말 세상엔 없어라.
오, 하나님 축복하소서. 나의 속장님!

우리가 당신과 기도의 손잡고 속회에 함께 있는 한
이 세상 사는 날들은 조용한 평화와 즐거움이 흐르고
모든 슬픔, 고통, 두려움에서 자유하리. 나의 속장님!

우리가 당신과 기도의 손잡고 이 속회에 사는 동안,
예수의 영광 우리를 둘러싸 빛나고,
한 가닥 먹구름도 이 빛을 뚫지 못하리. 나의 속장님!

내 생의 꿈이 끝날지라도 나는 울지도 않고 한숨도 짓지 않으리.
그때 우리는 하늘나라 가나안 땅에서 만나리. 나의 속장님이여![47]

---

47) 김진두, *웨슬리 실천신학*, pp. 187-192.

존 웨슬리의 속회론

초판 1쇄 2008년 9월 16일

박용호 지음

발 행 인 | 신경하
편 집 인 | 김광덕

펴 낸 곳 | 도서출판 kmc
등록번호 | 제2-1607호
등록일자 | 1993년 9월 4일

(100-101) 서울특별시 중구 태평로1가 64-8 감리회관 16층
          (재) 기독교대한감리회 출판국
대표전화 | 02-399-2008   팩스 | 02-399-4365
홈페이지 | http://www.kmcmall.co.kr
          http://www.kmc.or.kr
전자우편 | kmcpress@chol.com

값 10,000원
ISBN 978-89-8430-399-7 03230